会社は
社会を
変えられる

社会問題と事業を〈統合〉する
ＣＳＲ戦略

岩井克人●小宮山 宏 編著

プレジデント社

この本の成り立ち

本書は公益財団法人・東京財団「ＣＳＲ研究プロジェクト」が二〇一三年七月から一〇月にかけて全国の約二〇〇〇社を対象に実施した「ＣＳＲ企業調査」の結果・分析をベースにしています。

日本のＣＳＲの実態については、各社が「ＣＳＲレポート」や「サステナビリティ報告書」でそれぞれに公表しているほか、専門誌（紙）による包括的な調査が企業間の比較も行っています。

しかし社会課題の解決の担い手として、企業セクターへの期待が高まる中、そうした「課題」との関係性において、日本のＣＳＲがどのような状況にあるのかについては、まだそれほど実態がつかめていません。

この調査は、企業が社会課題をどのように認識し、それに対して組織としてどのような体制とポリシーで対応しているのかを明らかにすることを目的としており、「社会課題」から企業活動を分析する調査はおそらく日本でも初めての試みです。

調査活動は、産業界から有馬利男氏、学術界から小宮山宏氏と岩井克人氏、高巌氏、市民セクターから笹川陽平氏、政策面からは川口順子氏と秋山昌廣が参加する「ＣＳＲ委員会」の助言を参考に、ＣＳＲ研究プロジェクトメンバーが実施しました。調査結果および分析のより詳しい内容は東京財団「CSR白書2014」でご覧いただけます。

本書は、この調査結果を踏まえ、小宮山宏氏と岩井克人氏により明らかにしていただく私たちの基本的な考え方とともに、読者の皆さんにとって実践のヒントとなるような六社の事例とそのポイントを紹介しようというものです。

私たちは、本書が、CSR関係者ばかりでなく、経営者やビジネスパーソン、これから社会へ出る学生にとって、会社のあり方、会社と社会の関係、さらにはこれからの働き方を考えるヒントとなればと考えています。

というのも、CSRのあり方を研究していくうちに、私たちは、この問題が会社という一つの組織のみならず、それを構成する一人ひとりの社員の職業観に大きなインパクトを与えることに気が付いたからです。

たとえば、最近の就活生が職業選択の基準として優先するのは、給料や福利厚生などの待遇にも増して、会社の雰囲気・社風、やりがい、理念やビジョンです。日本では企業の従業員の高齢化が進んでいる上に、退職年齢も上昇しています。能力別賃金制度に変わりつつあるとはいえ、基本的には年功序列型賃金をベースにしている企業が多い日本では、若い社員が自分の親世代のように、つねに右肩上がりの報酬は受け取れないことに直感的に気付き始めているのです。

この傾向は世界的なものでもあり、ロンドン・ビジネススクールのリンダ・グラットン教授が近著『ワーク・シフト』（プレジデント社）で明らかにしたように、「やりがいや達成感が給与というお金で還元され、それを使ってモノやサービスを消費することで幸せを感じる」という古い約束事が、次第に機能しなくなっていることの表れでしょう。これまで以上に長い年月を働くことになる今の若い人々にとっては、金銭や物質的な充足に取って代わる、目指すべき新たな「報酬」が必要です。

金銭を基にした大量消費に代わって、充実した家庭生活、やりがいのある仕事、会社だけでない社会とのかかわりあい、人々の絆や豊かな自然環境など、「物質的でない」ことを重視すれば、自ずと仕事の性格も変わっていくはずです。つまり仕事とは、「金を稼ぐ手段ではなく、充実した経験をする機会に変容」していくだろうとグラットン氏も指摘しています。

第1部の小宮山氏、第3部の岩井氏の持論から浮かび上がるのは、同書にある「企業が経済的利益のみならず、社会的な責任や社会からの要請にコミットすることで、社会全体の問題解決能力は上がる。しかしそれだけでなく、働く人々がそれぞれにやりがいと充実した経験を得ることでイノベーションが促進され、さまざまな問題を乗り越える活力を生み出し、社会のあり方を変容させることができる」ということであり、それが本書のタイトル「会社は社会を変えられる」ということなのです。そして非営利独立の政策シンクタンクである私たちが、社会課題の解決を目指してCSR研究を行っている理由も、まさにここにあります。

この趣旨に賛同して、企業が内に秘めている社会変革の力、その可能性を示唆する事例を提供してくれた、損保ジャパン、伊藤忠商事、武田薬品工業、キリン、電通、曙ブレーキ工業の各社の皆さまには、この場を借りて深く御礼申し上げます。「社会を変えよう」と奮闘する姿勢はもちろん、「陰徳」の習慣が依然として残る日本の企業社会において、自社の経験を広く社会と共有し、自社のみならず企業社会が一体となって社会をよりよいものにしていく高い視座と志に改めて感銘すると共に敬意を表します。

また、何百もの調査依頼の中から時間を割いて私たちの「CSR企業調査」に回答を寄せてくださった二〇〇〇余社に謝意を申し上げるとともに、これをユニークな定点観測とすべく、つねに改良を加えながら継続的に調査を実施していくことを約束したいと思います。

最後に本書の刊行にあたり、プレジデント社の中嶋愛氏、ライターの長尾康子氏の多大なるご協力と助言をいただきました。ここに深く敬意と感謝の意を表します。

公益財団法人・東京財団理事長　秋山昌廣

○東京財団CSR研究プロジェクト

亀井善太郎（政策研究ディレクター・研究員、プロジェクト・リーダー）
寺﨑直通（プロジェクト・アドバイザー）
今井章子（常務理事、社会変革・広報渉外担当ディレクター）
平野琢（リサーチ・アシスタント）
庄司貴由（リサーチ・アシスタント）
前川順子（事務局）
田中伸子（事務局）

第1部

なぜいま、会社の出番なのか

小宮山 宏

会社は人と社会のかかわりを生み出す場

会社の存在意義とは何だろうか。多くの人は「事業活動を通して利益を追求すること」「株主の利益を最大化すること」と答えるだろう。たしかに利益が存在意義の一つであることに疑いはない。しかし私はあえてここで、会社の最大の存在意義は雇用を生み出すことにある、と言いたいのだ。

このように言うといかにも社会主義的に響くだろう。多くの経済学者は眉をひそめるかもしれない。しかし、私の言う「雇用」とは、労働の対価として経営者から報酬を得るという、雇用主と被雇用者の関係性のみを指すのではない。本来人間は他者と交わり、そこに生きがいを感じる社会的な動物である。ここでいう「雇用」には、そうした人間が社会的な存在となるための「場」や「コミュニティ」としての機能が含まれている。

それはベンチャー企業のあり様に端的に表れているように思える。たとえば徳島県上勝町の第三セクター株式会社いろどりによる「葉っぱビジネス」。それまで事業対象として見向きもされていなかった葉っぱや花を、料理に添える「つまもの」として出荷するシステムを事業化し、高齢者や女性の雇用を生み出した。過疎に悩んでいた地域がいまや若者や移住者を巻き込み活性化にわきかえっている。

八〇歳を超える上勝町のおばあちゃんたちが元気なのは、単に、自分たちが育てた「葉っぱ」が売れ、「お金」が入ってくるからだけではない。ビジネスを通じて自分たちが社会と接しているという喜び、役に立っているという実感を得ているからなのだ。このような好循環を生んでいる会社は、人が働くことを通じて、社会とのかかわりのきっかけをつくる「場」の機能を果たしているといえる。

葉っぱビジネスに限らない。ITであろうとバイオであろうと、いままでにない価値を生み出そうという意欲に燃えた創業者が立ち上げるベンチャー企業では、事業活動と社会貢献がおのずと一致しやすい面がある。ベンチャーは、新しい課題に対する解決策をそのままビジネスとして追求することでお金も儲かるからだ。事業活動と社会貢献は、それと意識しなくても統合された状態になりやすい。CSRのフロンティアを拓く意味でも、ベンチャーには大いに期待したいのである。

日本には日本の社会課題がある

ひるがえって日本の名だたる大会社の社会貢献の現状はどうだろう。本書のベースとなった東京財団のCSR調査結果からは、「とりあえず実行」の段階をいまだに出ていないことが浮き彫りになった。既成のガイドラインに則って何らかの活動をしてはいるが、何を目指してその活動を選んだのか、それによって何を達成したいのかが見えてこない。厳しい言葉でいえば「顔の見えない社会貢献」だ。日本の企業が社会貢献のために使っている金額は、決して小さいわけではない。資本金一〇〇〇億円以上の企業における、平均の社会貢献活動額が、だいたい一七億円。売上あたりの比率で見てもアメリカの法人にひけをとらない。だが、それだけやっているのにプレゼンスが低いのはどういうことだろうか。

私は、日本企業が日本企業「ならでは」の社会貢献に踏み出せていないことがその大きな原因だと思う。企業の社会的責任として実践すべき項目を掲げたガイドラインのひとつに「国連グローバル・コンパクト」がある。これは、企業が影響の及ぶ範囲内で「人権」「労働」「環境」「腐敗防止」の分野における普遍的な価値を支持し、その価値の実現のために行動することを求めたものだ。サプライチェーンが国境を越え、グローバルな存在になりつつある企業が、社会課題に対する無理解からくる「地雷」を踏んで企業価値を毀損することがないようにするためにも、グローバル・コンパクトにしたがって行動することはきわめて重要なことだ。しかし、これだけやっていればよいというものではない。このガイドラインは、どちらかといえば途上国地域における社会課題を前面に出したものであり、日本を含む先進国地域において優先的な社会課題とはいえない項目も多いからだ。グローバル企業として人権保護や環境保全、貧困や腐敗の防止、乳幼児や妊産婦の死亡率改善は確かに実践すべき喫緊の課題だが、日本国内においては、相対的貧困率の拡大等気になる点はあるものの、これらの課題の多くはおおむねすでに解決されている。

先進国には先進国なりの新しい社会課題がある。したがって、既存のガイドラインに合わせるのではなく、自らが社会課題をどう設定するかという視点に立たない限り、日本の会社のCSR活動は、「実行することに意義がある」というレベルから脱却できないだろう。

二つの「わかりにくさ」に向き合わねばならない現代社会

気候変動ひとつとってみてもその全体像を把握するのは困難だ。そうした状況下で、そもそも、自ら社会課題を設定して、その解決に取り組むことは容易ではない。その意味で、私は、現代は「わかりにくさ」に対峙せざるを得ない時代なのだと考えている。かつて、日本が貧しかったころは、ないものを充足することで幸福感を感じていた。たとえば白黒テレビが我が家にやってくるかどうか、それを夢見て懸命に働き、ほしいものを一つひとつ充足させていけばだれもが豊かさを実感できた。わかりやすい、ある意味で幸せな時代だったのだ。

だが、いまは一通りのモノが世の中に行きわたって物的には飽和の時代だ。二台目の車、三台目のテレビといった物量の段階は終わり、何があれば幸せなのか、よくよく考えねばわからない時代になった。哲学の時代と言ってもよいだろう。

もうひとつの「わかりにくさ」は迫りくる危機だ。気候変動のような目には見えにくいが、ひたひたと迫りくるタイプの危機が地球を襲っている。暮らしや経済活動を脅かす危機の正体を、我々は正視できているだろうか。

また、企業や個人が国境を越えて活動するようになり、地域や人によって価値観が多様化する中、一国の中央政府が担う機能や権限は相対的に縮小している。政府と民間の関係が変化し、企業や市民が社会のより多くの機能を担うべき時代がすぐそこまできているのだ。

何かと「わかりやすさ」が求められる現代社会だが、じつは、危機にしても、幸福にしても、わかりやすいものはほとんどない。個人も企業も、主体的に「わかりにくさ」と向き合い、なんとか対応していく他はないのである。

外部性の内部化2・0

「わかりにくさ」に耐えて先進国型の社会課題を特定し、それをチャンスにするような新産業を創出する必要がある。そのためには、製造業のみならずあらゆる産業分野で「外部性の内部化」に取り組む必要がある。

ある経済主体の行動が、市場を介さずに第三者の経済に与える影響を、経済学では「外部性」と呼ぶ。日本が高度経済成長期に経験した公害の克服過程は「外部性の内部化」のよい例だ。

一九五〇年代から七〇年代にかけて、四日市ぜんそくや水俣病、霞ケ浦の水質汚染など全国各地で公害問題が発生した。国の厳しい環境規制に対応するため、企業は技術開発と汚染防止装置への投資を行い、公害防止にかかるコストを経済活動に「内部化」して克服した。

自動車についても同じことがいえる。国が排出ガス規制をかけたことで、排出ガスを低減するエンジン点火装置や触媒技術の開発が促され、今日に連なる日本車の燃費性能、省エネルギー技術の進展に寄与した。これも外部性の内部化の一例だ。

そう、日本の会社は、外部性を内部化することにより社会問題を解決し、同時に国際競争力を高めてきた実績を持っているのだ。内部化はコストを上回る効果があるからこそ可能になる。内部化ができれば、社会問題を解決しながら、利益を出すことができるのだ。

高度成長期の製造業における内部化を「1・0」と呼ぶならば、成熟社会における外部性の内部化は、「内部化2・0」と位置づけられよう。第三次産業を中心とした日本の会社がこの「内部化2・0」でリーダーシップを担うならば、日本企業は世界の課題先進国が取り組むべきCSRのモデルを示すことができるだろう。

新産業創出で進化したCSRを目指す

日本が「内部化2・0」において有利な点は、先進国的課題が他の地域に先駆けて顕在化することだ。さらに、国内でビッグデータを活用するICTインフラが整っていること、ゼロからのものづくり力が強固なことなどだ。この好条件をいかす「内部化2・0」戦略のヒントはいたるところに発見できる。

たとえばローソンは二〇一三年度から、健康診断を受けない社員の賞与を一五パーセント減額する制度を導入した。受診率を向上させ、生活習慣病の早期発見につなげるのが狙いである。同社は体重や運動量、摂取カロリーを記録し、健康管理の指標とするスマートフォンアプリを開発。生活習慣病リスクの高い社員に配付し、健康的な生活の習慣化をサポートしている。このアプリは今後、一般に提供される予定で、ユーザーの状況に合わせた「おすすめ商品」の提案やクーポン発行を通じてローソンでの商品購入につなげていく。

この取り組みは、社員の健康管理の一環であり、CSRとは認識されにくいかもしれない。しかしステークホルダーの一つである社員の健康管理という問題への着眼、社会貢献と事業貢献の「統合」という観点からみれば、ここにまさしく先進国型CSRの萌芽があるといえるだろう。疾病による人材資源の損失を防ぐだけでなく、社員やその家族も含めれば医療費削減効果も期待でき、国家財政へのプラスの影響も大きい。会社ならではのスケールメリットをいかしたこうした取り組みが、他業種、他企業にも展開することを期待したい。

いま、日本社会が直面している最大の課題は、いうまでもなく少子高齢化が引き起こす諸問題である。医療費、社会保障費の増大と国家財政の破綻、教育、保育、介護などの制度疲労、地域の過疎化やインフラの老朽化、高齢者の孤独死問題やシングル世帯の急増、生産人口の減少など多岐にわたる。

人類の歴史上、人がこれほど長生きする社会はかつて存在しなかった。ギリシャ・ローマの時代以来、平均寿命は二四〜五歳という時代が長く続いた。一九〇〇年になっても世界の平均寿命は三一歳であった。人類は実に短命だったのである。ところが二〇一一年に七〇歳に達した。先進国の平均は七八歳、日本は八三歳である。長寿は文明の成功の証であり、日本はその先頭を行くのだ。途上国的な課題を克服した日本は、世界に先駆けて高齢化に伴う諸問題を解決していく立場にある。幸せな高齢社会とは、単に長寿であるだけでなく、いかに長期間、質の高い生活を送れるかという「クオリティ・オブ・ライフ（生活の質：ＱＯＬ）」を実現した社会である。高齢社会のＱＯＬ向上こそ、日本企業が率先して取り組むべき社会課題分野ではないだろうか。

私はかねてから栄養、運動、人との交流、新概念への柔軟性、前向き志向を「幸せな加齢の五条件」と称している。この五条件への欲求を満たす供給があれば、必ず需要が生まれる。

たとえば社員食堂で糖尿病食や減塩食における「おいしい」食材の組み合わせや調理法を実現し、それを商品化するといった取り組みも考えられよう。

また、腰痛に悩む人は国内に約二五〇〇万人いるといわれる。このうち八割の人の原因は不明で、病院へ行っても治らない。多くの社員をかかえる企業がこうした問題にまずはCSRというかたちで取り組めば、社員のQOLもあがるし、ゆくゆくは新事業につながる可能性もあるだろう。

言うまでもなく、地縁によるコミュニティは消滅の方向へ向かっている。国土交通省の予想では二〇五〇年に、日本の総人口は約九七〇〇万人となり、約六割の地域で人口が半減する。うち三分の一の地域は人が住まなくなり、未曽有の高齢化が進む。中央政府にしても、地方政府にしても、財政は苦しく、この問題に単体で取り組むことは不可能だ。会社がこうした問題を内部化すべく、長期的に取り組むことで、一九七〇年代に公害を克服しながら国際競争力を増した「内部化1・0」を、規模においてもインパクトにおいても大きく上回る「内部化2・0」を実現できるだろう。

先進国型課題を解決する新産業の需要の掘り起こしはこれからだ。高齢社会をよりよくする新たな価値が提供されれば、利益があがり、雇用が創出され、コミュニティも再生する。いまこそ会社の出番だ。会社の、そして日本の持続可能性を担保するためにも、CSRにおける本業と社会貢献の「統合」へ向けた取り組みを進めなければならない。それこそが課題先進国日本を、人類史上に燦然と輝く課題解決先進国へと導くに違いないのだ。

国連グローバル・コンパクト

国連グローバル・コンパクト（UNGC）とは、一九九九年の世界経済フォーラム（ダボス会議）の席上でコフィー・アナン国連事務総長（当時）が提唱し、二〇〇〇年七月より発足したイニシアチブのこと。

政府ばかりではなく、各企業や団体が、責任ある創造的なリーダーシップを発揮することによって、社会の良き一員として行動し、持続可能な成長を実現するための世界的な枠組み作りに参加する自発的な取り組み。

現在、世界約一四五カ国で一万を超える企業・団体、日本では一八二企業・団体（二〇一四年三月一一日時点）が署名している。

国連グローバル・コンパクトの四分野・一〇原則

一、世界人権宣言（一九四八年）：①人権保護の支持・尊重、②人権侵害に加担しない

二、労働における基本的原則及び権利に関する国際労働機関（ILO）宣言（一九九八

年）：③結社自由・団体交渉権の尊重、④強制労働の撤廃、⑤児童労働の廃止、⑥雇用・職業における差別の撤廃

三、環境と開発に関するリオ宣言（一九九二年）：⑦環境予防原則的アプローチの支持、⑧環境に関する責任の受諾、⑨環境に優しい技術の開発と普及

四、国連腐敗防止条約（二〇〇三年）：⑩腐敗の防止

第2部

社会を変える会社はどこにいるのか

CSR最先端企業の建前と本音と現実

政府の仕組みから抜け落ちていく社会課題

環境保全、人権問題、女性の地位向上、貧困対策——人々が直面する課題の多くは、これまで主として政府が取り組むものとされてきた。しかし、現代の課題は単純ではない（図1）。一口に「貧困」といっても、その背景にあると思われる失業や家庭崩壊、教育の欠如なども視野にいれると、貧困対策を担当する厚労省だけでは解決へ導くことはできないし、雇用を生み出すには企業や、住民コミュニティの協力も必要だ。東日本大震災のような大規模災害では、影響が人々の暮らし全般に及ぶため、行政の枠組みだけでは到底対応できない。

多様化し複合的に絡み合っていくパブリック（公）な課題を解決するには、行政（官）だけでは限界があり、パブリックの「担い手」を社会全体に広げていくことがますます必要だ。

図1　行政の機能と社会における課題の広がり

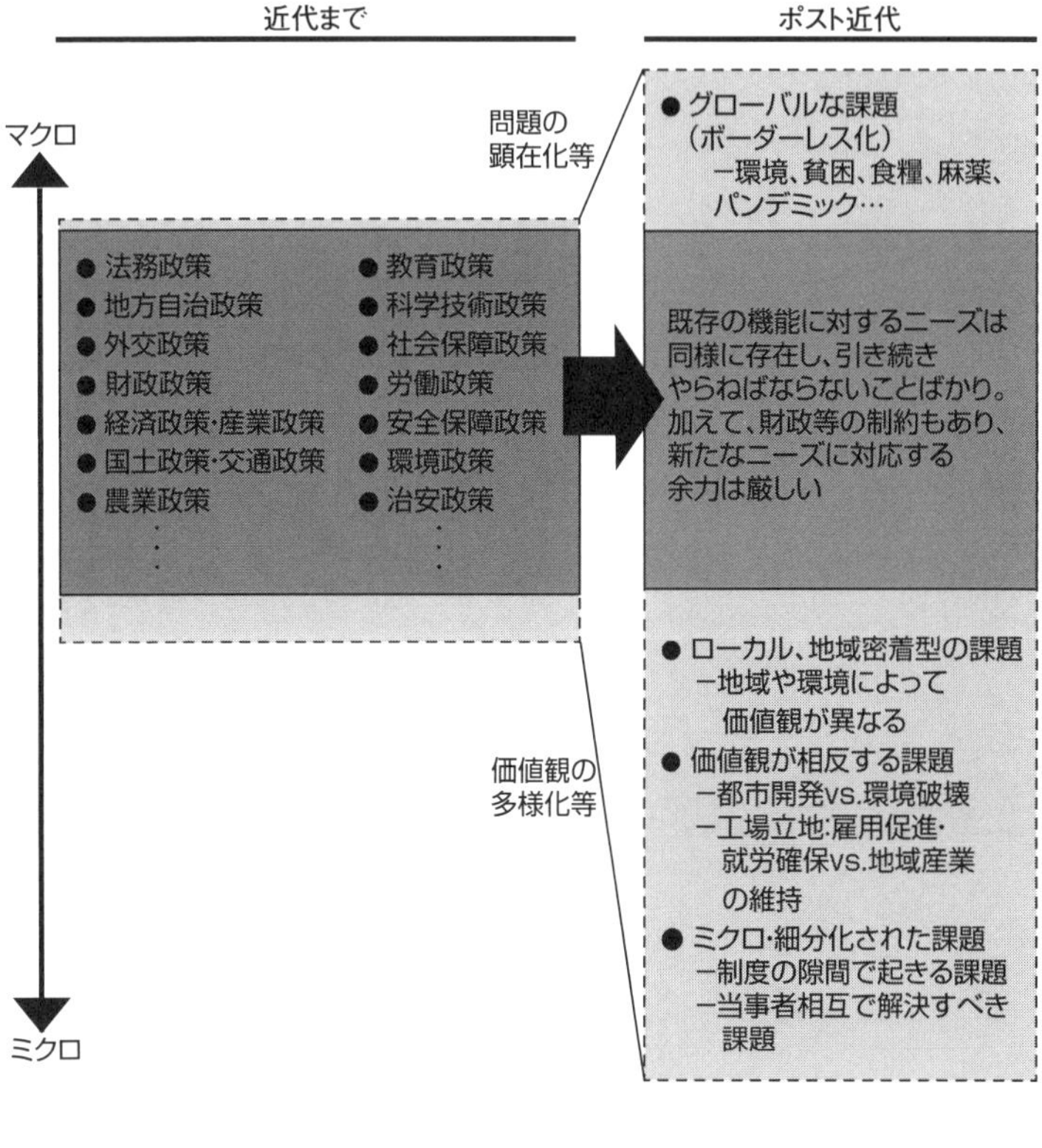
近代まで
ポスト近代
マクロ
ミクロ
問題の顕在化等
価値観の多様化等
●法務政策
●地方自治政策
●外交政策
●財政政策
●経済政策・産業政策
●国土政策・交通政策
●農業政策
●教育政策
●科学技術政策
●社会保障政策
●労働政策
●安全保障政策
●環境政策
●治安政策
●グローバルな課題（ボーダーレス化）
ー環境、貧困、食糧、麻薬、パンデミック…

既存の機能に対するニーズは同様に存在し、引き続きやらねばならないことばかり。加えて、財政等の制約もあり、新たなニーズに対応する余力は厳しい
●ローカル、地域密着型の課題
ー地域や環境によって価値観が異なる
●価値観が相反する課題
ー都市開発vs.環境破壊
ー工場立地:雇用促進・就労確保vs.地域産業の維持
●ミクロ・細分化された課題
ー制度の隙間で起きる課題
ー当事者相互で解決すべき課題

どんな社会的な課題も、さまざまな人々が抱える多様な悩みの複合体であることからすれば、その解決には、政府のみならず、企業や市民などあらゆる分野のあらゆる階層が、それぞれに責任意識をもって全力で取り組むよりほかはない。中でも組織力と資金力を持つ企業セクターへの期待は、以前にも増して高まっている。

社会課題に対応できない会社は「地雷」を踏む

一方で、グローバル経済の進展により、企業のビジネス活動が及ぼす影響の範囲も急速に拡大している。これまで株主や消費者など比較的狭義にとらえられていた責任の範囲が、自国から遠く離れた地域の環境や雇用、人権をも包含するようになっている。

最近では円高や国内市場の縮小を背景に、日本企業による海外企業の合併・買収（M＆A）が加速しており、その規模も拡大している。合併によって一気に販売国や調達国が増え、風土の異なる組織を同時にマネジメントしなければならなくなり、一九九〇年代にナイキが東南アジアの調達元での児童労働の責任を問われたように、日本企業も進出する先々で同様のリスクを負うようになってきた。

人と組織と地球のための国際研究所（ＩＩＨＯＥ）の川北秀人氏は、ＮＴＴグループが実施している「環境・社会報告書読者調査報告」をもとに、市民が重要だと感じる社会課題の国ごとの違いを指摘している。この調査報告によれば、たとえば、「人権」に対する意識には、日本と諸外国で大きな隔たりがあることが示されている。イギリス、ドイツ、中国、マレーシアのいずれにおいても、企業が取り組むべき社会的責任活動として「人権の保護」をあげる人が、日本より格段に多いという。

この事実が示唆するのは、日本にいて日本的な感覚で人権をとらえていては、地球の裏側にある関連会社が、ある朝突然、人権侵害で訴えられるというリスクに対応できないということなのである。

社会課題の担い手という意味のみならず、グローバルビジネスにおけるリスク・マネジメントの面からも、公共の目線で社会的課題に取り組むことが、日本企業にも強く求められているのだ。

「公益」の分野で高まる民間部門への期待

このように企業の社会的責任（CSR）の必要性が叫ばれていながら、実際にはいわゆる「善行」「チャリティー」の紹介や、国際的なCSRレポーティング認証に準拠した情報開示にとどまっているのが日本のCSRの現状だ。

これでは、日本企業が持つ高い問題解決能力が社会に認識されず、そのためにノウハウの共有や連携などのシナジー効果も見込めないという、極めて「もったいない」状態が続いている。

CSR活動に自社の高い問題解決能力をいかし、率先して社会的な課題に取り組めば、新しいビジネスチャンスを獲得し、技術やサービスを高め、優れた人材を育成・確保するなど、経営的にも競合優位性を獲得できるはずだ。

そのような企業セクターが持つ強みを戦略的にいかして社会課題を解決するというアプローチを、日本にももっと広げられないだろうか。緊縮財政の下、政府部門だけの取り組みに硬直化することなく、広く民間部門を巻き込んで「会社が社会を変える」ためには、何が必要だろうか。

そこで私たちは、日本企業と「社会的課題」の関係を探るべく全国の約二〇〇〇社(一部上場企業、主要非上場企業、主要外資系企業)を対象に調査を開始した。

日本のCSRが抱える五つの共通課題

今回の調査では、企業の社会課題に対する意識についての設問を多数盛り込んだが、そのことに対する戸惑いも多く、回答企業からは「自分たちが社会課題をどう定義しているかという質問はされたことがない」「ＣＳＲのガイドラインに準じた設問でないと答え方がわからない」などの苦言も寄せられた。こうした反応からは、日本企業には主体的な目線で社会課題を見る習慣がないことが浮かびあがってくる。

調査から見えてきた共通課題を五つ採り上げたい。

1　国内では「環境」「人権」「女性の地位向上」への取り組みは盛んだが、「貧困対策」の取り組みは少ない。海外における取り組みでは「環境」が先行。

2　「環境」への取り組みは事業活動と統合した理想形に近いが、「人権」や「女性の地位向上」は社内向けが大半。

まず日本企業のＣＳＲは具体的にはどのような社会課題に取り組んでいるのだろうか。「環境保全」や「国内における人権の尊重」「国内における女性の地位向上」への取り組みが盛んだが、ここでの人権とは社員教育などを通じて社内のセクハラ・パワハラ、あるいは差別などを防止しようというコンプライアンスやガバナンスの文脈である。女性の地位向上も、社内において女性が活躍しやすいように、またそのことで自社のイメージアップが図れるように努力しているということがわかる（図２・３）。

図2　社会課題別に見たCSRの取り組み状況

国内では「環境」「人権」「女性」は盛んだが「貧困」は少数

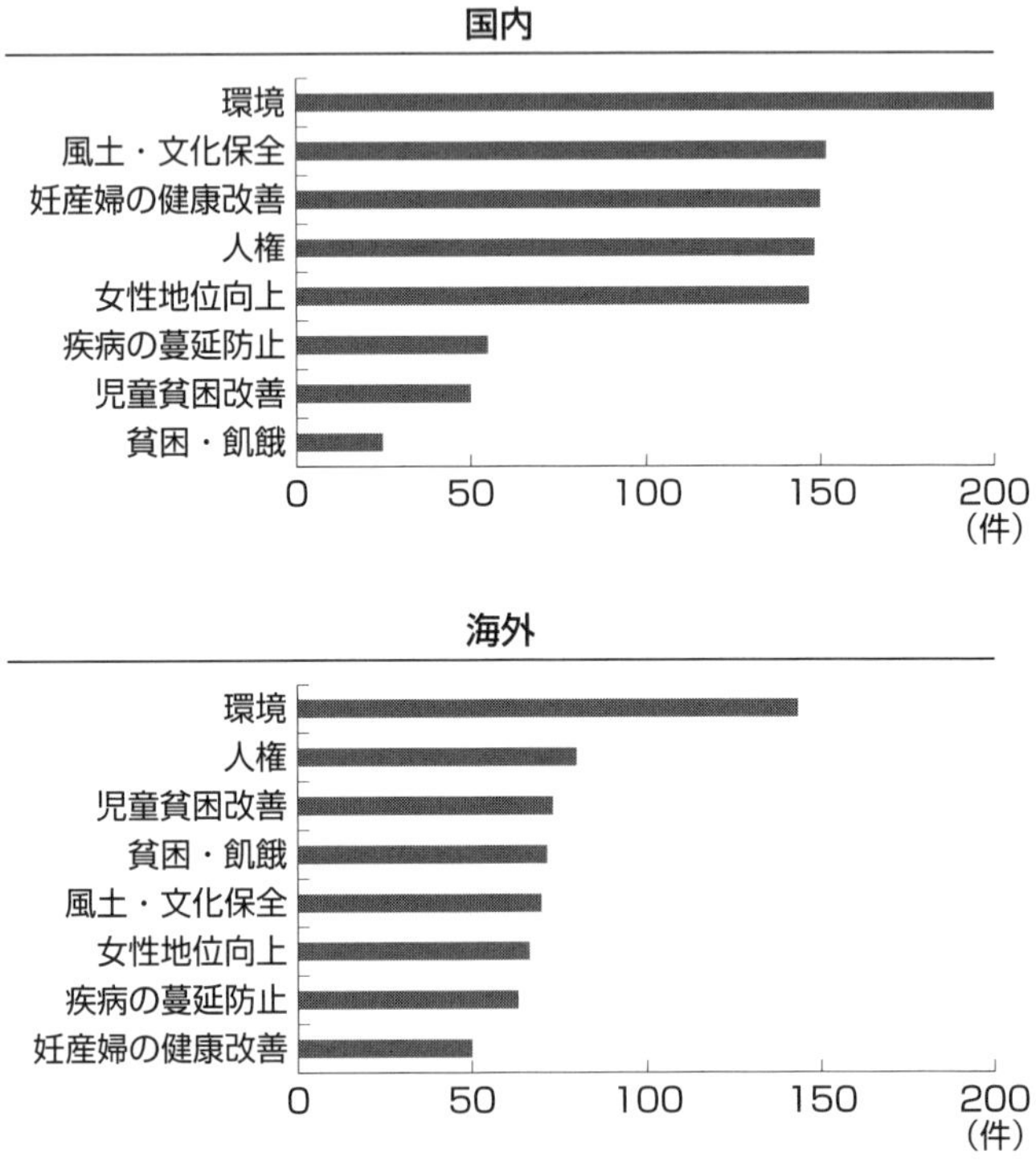

*　「以下の社会課題分野それぞれについて、貴社が解決のための具体的な実践に取り組んでいるのはどの分野ですか」との問いに対し、「課題解決のため、独自プログラム、寄付、役職員の参加等、企業としての具体的な取り組みがある」と答えた数。
出所：CSR 企業調査（n = 218）より東京財団作成

図3　事業との関連性・効果に関する社会課題別比較

「環境は事業活動と統合した理想形に近いが「人権」「女性」は社内向けが大半

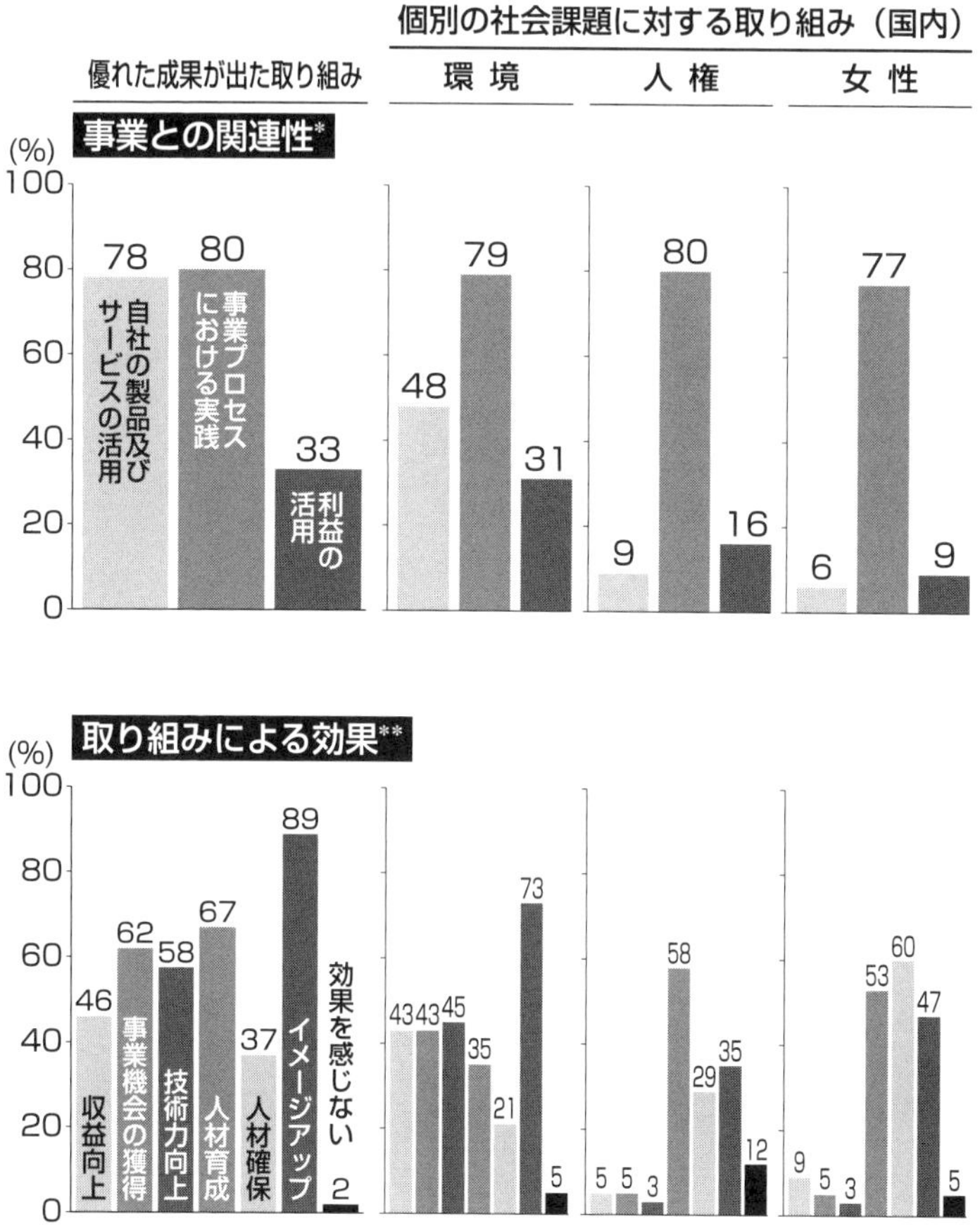

* 「その取り組みは貴社の事業とどのような関連性を持っていますか（複数選択可）」に対する回答。

** 「その取り組みはどのような『貴社ならではの“強み”』を向上させましたか（複数選択可）」に対する回答。

※ 優れた成果が出た取り組みとは回答企業が選んだ「3つの優れた取組み」。

出所：CSR企業調査（n＝218）より東京財団作成

企業自らが「優れた成果が出た」と認識している国内の取り組みでは、大きく分けて「環境保全」、地元の祭りや伝統文化の継承などの「風土・文化保全」、育児休業の充実などの「妊産婦の健康改善」の三つが多く、海外の課題では「環境保全」が突出している。

3　社会課題の解決と事業活動の「統合」を目指してはいるものの、実態はまだまだ。

調査では、企業自らが優れた取り組みができたと認識しているCSR事例について、「その取り組みは自社の事業とどのような関連性を持っているか」「どのような自社の強みを向上させたか」を聞いた。

それによると事業との関連性では、「自社の製品やサービスを活用できた」「事業プロセスに組み込むことができた」との回答が多く、また、その効果については「自社のイメージアップができた」「社員教育、人材育成に役立った」「新たなビジネスチャンスを得ることができた」「技術力を向上させることができた」「収益が上がった」など幅広いメリットを重視していることがわかる（図4）。つまり事業的にも成功し、社会課題解決にもインパクトを与えることができるという「統合」型が理想だと認識しているのだ。

とくに、「環境問題」への取り組みは日本企業の得意とするところでもあり、理想のCSRができている顕著な例である。

図4　CSRの「建前」と「実態」

社会課題解決と事業活動の「統合」を目指すも実態はまだまだ

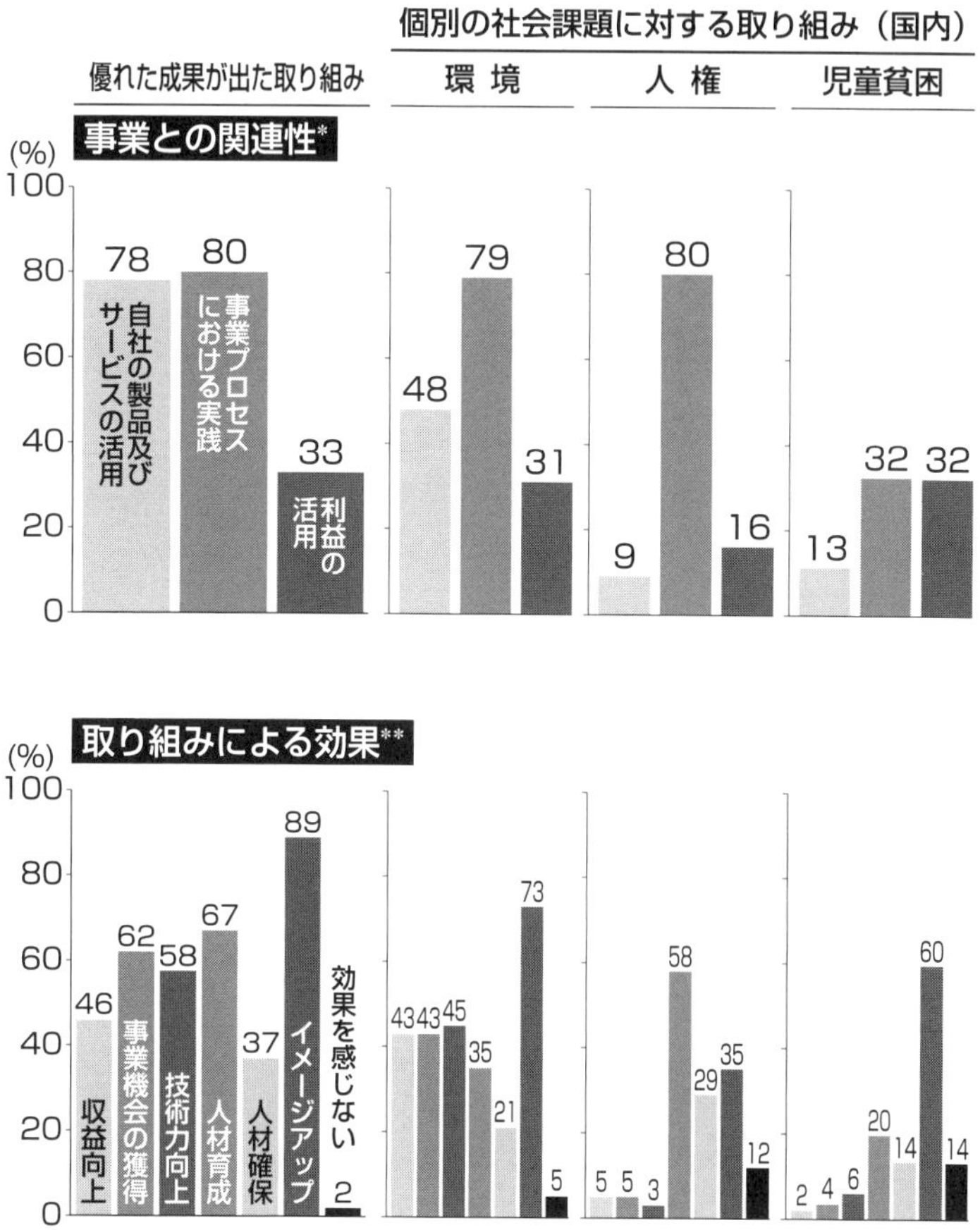

*　「その取り組みは貴社の事業とどのような関連性を持っていますか（複数選択可）」に対する回答。

**　「その取り組みはどのような『貴社ならではの“強み”』を向上させましたか（複数選択可）」に対する回答。

※　優れた成果が出た取り組みとは回答企業が選んだ「３つの優れた取組み」。

出所：CSR 企業調査（n ＝ 218）より東京財団作成

ところが、これをほかの課題で見てみると、なかなか理想通りには進まない現実が見えてくる。たとえば、前述したように、とりわけ海外で要求の高い「人権」を見てみよう。日本企業は海外での取り組みはまだ少ないが、国内の取り組みで見ても、事業プロセスで気をつけたり、社員教育で取り上げたりするなど、自社のコンプライアンスの一環として取り組んでおり、この問題を自社事業に関連付けて社会に対して働きかけるような能動的な取り組みには至っていない。

「人権」は国内社会では、一種のタブーとして企業が取り組みにくいテーマの一つだが、米国国務省が日本を含む各国の人権レポートを出して懸念事項を指摘するような時代背景を考えると、そうも言っていられない。その意味で、後述する武田や電通の事例は、この問題にビジネスとCSRの両面からアプローチしており、先駆的といえよう。

いずれにせよ、調査から見えるのは、多くの企業が社会課題の解決と自社事業活動の統合を目指すという理想を持ちながらも、それを個別具体的な課題で実現することはそれほど簡単ではないという現状だ。

では、なぜ事業と社会課題への取り組みとの統合はうまくいかないのであろうか。その理由に迫る前に、「統合」の概念について少し掘り下げて考えてみたい。

二つのモノサシ：社会課題解決への貢献と事業活動への貢献

経営の世界では、「市場成長率」と「市場占有率」という二つのモノサシを使って事業の取捨選択を行うプロダクト・ポートフォリオ・マネジメントなどのアプローチがあるが、それと同じように、CSR活動においても、社会課題解決への貢献と事業活動の成長を「統合」するために重要なのは、二つの独立したモノサシだ。

一つは企業経営や事業活動にとっての重要性、もう一つは、社会にとっての利益、つまり公益にとっての重要性のモノサシである（図5）。

「統合」を実現するには、縦軸と横軸のマトリックスの右上の状態、つまり「社会課題解決への貢献」と「事業活動への貢献」がともに高い行為を目指すことが不可欠だ。

ところが、企業調査からはなかなかそのようにはいかない実情が見えてきた。

4　CSR活動で「何をするか」という検討プロセスよりも「実行」に重きを置く傾向が強い。

企業は、言うまでもなく横軸の「事業活動への貢献」については当然よく考えているが、

図5　CSRのあり方にかんする「現在」と「ありたい姿」

本来統合すべき「公益」と「私益」が別々に存在している

我が国の現在のCSR

- 社会課題の解決（＝公益）とは直接的な関係を意識・リンクできない事業活動（a）
- 事業活動の収益の一部を公益に活用、事業活動への貢献は期待しない（b）
- **つまりaとbは別もの**

ありたい姿

- 事業活動を長期で捉え、社会課題の解決に自社の競争力の源泉をいかす事業活動ができれば、競争優位となり、永続的な企業価値の向上が可能に
- **つまりaもbもひとつに統合**

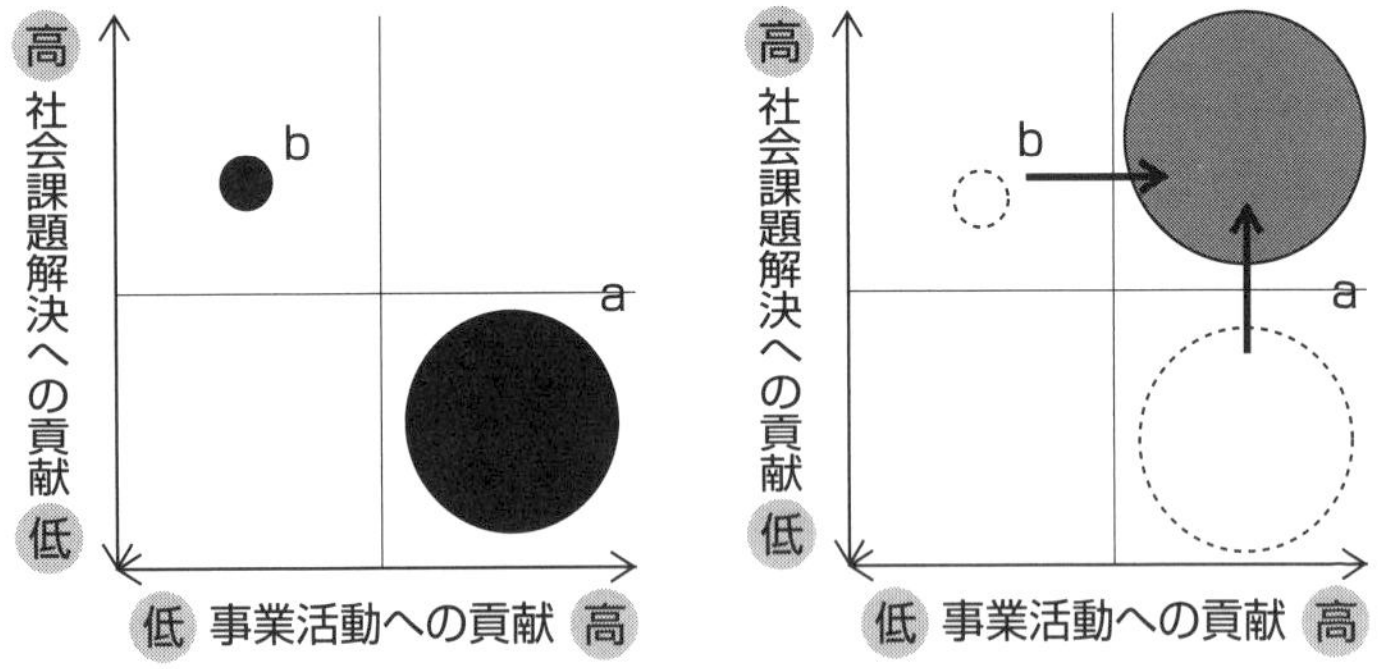

縦軸の「社会課題解決への貢献」となると焦点がぼやけるようだ。縦軸の部分は、社員一人ひとりの価値観や良心に委ねられていて、お互いのすり合わせもしていないことが多い。

そのためか、多くの日本企業のCSRレポートを見てみると、たとえば、役員・社員がボランティアをした時のスナップ写真があって、その横に報告記事が添えられているというような、善き行いのリストとなっていることが多く（そのこと自体を否定はしないが）、「わが社を取り巻く社会にはこういう課題があり、それはわが社のこの事業と関連しているから、こういうことを実践するのだ」というように能動的に統合性が語られることはきわめて稀である。

このことは企業調査にも表れており、「当該テーマの解決について複数回以上会議を持ち、具体的に検討を重ねている」と回答した企業数（検討企業）と、「課題解決のため、独自プログラム、寄付、役職員の参加等、企業としての具体的な取り組みがある」と回答した企業数（実行企業）を課題別に分析してみると、興味深い関係が見受けられた（図6）。

それは、多くの場合、会議で検討を重ねた企業の数よりも、具体的に実行している企業の数が多いという事実だ。ふつうの事業経営においては、事前の調査を含む検討プロセスを省略して実行に乗り出すことなどあり得ないが、CSRではまずは実行ありきとなっている。

もちろん、取り組みの歴史が長く、日本企業が得意な「環境」のような分野での活動であ

図6　社会課題別CSRのプロセス（検討→実行）比較

「何をするか」の検討プロセスよりも実行に
重きを置く傾向が強い

	検討*>実行**			検討*≒実行**			検討*<実行**		
	課題	検討	実行	課題	検討	実行	課題	検討	実行
国内	該当なし			女性	149	144	貧困	20	31
				妊産婦	154	150	児童貧困	36	50
				その他	133	132	文化／風土	129	154
				環境	193	200	人権	132	146
				疾病予防	57	62			
海外	該当なし			女性	63	62	貧困	59	74
				その他	79	78	妊産婦	38	48
				人権	81	84	文化／風土	58	70
				環境	134	140	児童貧困	64	75
							疾病予防	52	61

*　「貴社は、以下のそれぞれの社会課題分野（国内·海外９つずつ）の解決について、現在、どの程度の関心を有していますか」との問いに対し、「当該テーマの解決について複数回以上会議を持ち、具体的に検討を重ねている」と答えた数（単位：社）。
尚、その他の選択肢は「テーマとしては承知しているが、具体的な検討は行っていない」及び「まったく検討していない」。

**　「社会課題分野それぞれについて、貴社が解決のための具体的な実践に取り組んでいるのはどの分野ですか」との問いに対し、「課題解決のため、独自プログラム、寄付、役職員の参加等、企業としての具体的な取り組みがある」と答えた数（単位：社）。

※　「検討≒実行」とは検討と実行の差が検討から実行への変化率がプラスマイナス10%以内（ほとんど変わらない）のもの。黒字は「検討>実行」となっているもの。グレーは「検討<実行」となっているもの。
「国内」とは国内における社会課題にかんするもの、「海外」とは海外における社会課題にかんするもの。

出所：CSR企業調査（n＝218）より東京財団作成

れば、過去にすでに「検討」が終わっていて、調査時点ではすでに「実行」段階にあったという可能性も高いが、それにしては回答の傾向が「実行」に偏りすぎだ。今後さらなる取り組みが求められる「人権」や「貧困」等も「実行」先行型になってしまっている。

ここからうかがえるのは、「何はともあれよいことをやって実績を残す」行動が重視され、その実行の前提となる「なぜ、どうして、いま我々が？」という検討がないがしろにされている可能性である。CSR報告書に記載するための事例づくり、とまで言っては語弊があるかもしれないが、「検討」の方が「実行」を上回っているような社会課題が一つもなかったことからも、少なくとも本業において行われるような、長期的視野に立った事業内容の検討と分析が、事前に行われていないということが推察できよう。「実行重視」というと聞こえはいいが、日本のCSR活動が、個々の「社会的に良い活動」が体系化されないまま、収集されただけの「ホチキス綴じ」となっているとすればむしろ問題である。

ガイドラインを活用した「統合」

では「ホチキス綴じ」から、体系的に本業と両立するような「検討」重点型に切り替えるにはどうしたらよいか。取り組みの対象とすべき社会課題をより網羅的かつ効果的に検討する工夫の一つに、ガイドラインの活用がある。

主要ガイドラインの一つである「ＩＳＯ２６０００」は、解決すべき社会課題を、あらゆるステークホルダーの観点から、「中核主題」とその細目である「課題」に分けて整理している。

「人権」という中核主題を例にとると、その下にある「課題」として次の八つが示され、企業にはこのそれぞれについて、自社なりの取り組みを定めるよう促している。

1　**デューデリジェンス**：自分の組織やその関係組織（取引組織）が人権を侵害していないかを確認し、侵害している場合はその是正をすること

2　**人権に関する危機的状況**：政治が腐敗している場合や、法律で保護されていないような取引関係など、特定の状況では人権を侵害する行為が見過ごされやすいため、特別な注意を払うべきであること

3　**加担の回避**：組織が人権侵害に加担することや他の者の人権侵害によって利益を得ることなど、人権侵害によって不当な利益を得ることを回避すること

4　**苦情解決**：人権が侵害されたときに、それを組織に伝えるようにすることができる制度を確立することで、人権にかんする苦情の解決をすること

5　**差別及び社会的弱者**：組織に関係するすべての人に対する直接的・間接的の差別を禁止

し、不利な状況に立たされやすい社会的弱者の機会均等と権利の尊重にとくに配慮すること

6　市民的及び政治的権利：自由な言論、表現、政治への参加など、人として、社会の一員としての尊厳を持った生活を送るための権利を尊重すること

7　経済的・社会的及び文化的権利：人が生きていく上で、精神的・身体的に健康で幸せな生活を追求するための権利を尊重すること

8　労働における基本的原則および権利：国際労働機関（ＩＬＯ）が定める労働における基本的権利（結社の自由、団体交渉権、強制労働の撤廃、児童労働の廃止、差別の撤廃）を尊重すること

これらにより、場当たり的に人権尊重のための「善行」を実行するのではなく、そうした善行の数々を主題や課題にあてはめて整理することで、自社の事業との関連性をマッピングするとともに、自社の何が足りないのかを見ることができるのである。

国外における人権の尊重について、具体的なイメージや手段を持ち合わせていない日本企業が、その意識のままで、前述したように市民からの人権尊重の期待が高い、欧州や東南アジアで活動を展開することには大きなリスクが伴う。

このような体系化ができれば、ガイドラインを順守する中で、顧客や進出先の自治体や住民、従業員などの多様なステークホルダーと対話を行うことが可能になり、それによって彼らが自社に何を期待しているのかを探り、またそれらが自社の事業にどのような重要性を持つのか「検討」することができるようになる（図７）。それは、もはやＣＳＲの範疇を超えて、本業におけるリスクマネジメントに直結する。

5 ＣＳＲ専任部署の意義は大きい。

このように見てくると、社会課題への取り組みをポートフォリオのように検討し、事業と統合的に推進するための専任部署の存在が企業経営にとって死活的に重要であることがわかる。実際、ＣＳＲ企業調査では、この点について実に顕著な結果が出ている。

今回の調査で、企業に「特定の社会課題に対する関心の度合い」をたずね、それとＣＳＲ専任部署の有無との相関を見てみたところ、強い相関がみられた（図８）。

きわめて当然のことながら、ある問題について具体的に検討しようと思えば、そのための調査、展望、自社が手掛けることによる社会的インパクト、事業活動への影響など多面的に掘り下げる必要が出てくる。社員の価値観や知識、熱意を否定するものではないが、個人の努力で、社会課題と事業との相関がすべて把握できるはずはなく、まさに本業の開発に見ら

図7　社会課題解決と事業活動の「統合」にかんする3つの類型

「検討」に重点 ←→ 「行動・活動」に重点

ステークホルダーとの対話等を通じた優先順位づけの実施

- さまざまなステークホルダーの関心や期待の探索に積極的
- 事業の重要性との突き合わせ
- いずれのプロセスも CSR 関連部門だけで完結させない

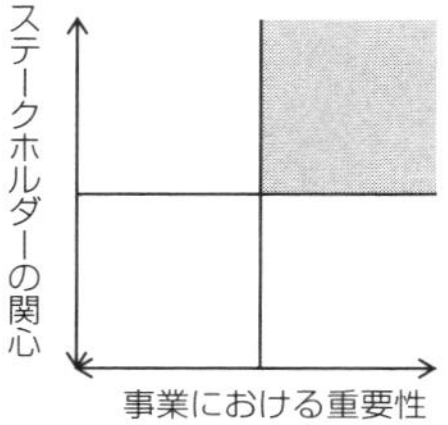

ガイドラインに基づいた活動の体系化

- ISO26000 等を使って自社活動を整理　（報告書の目次等にも活用）

ISO26000 との対照表（ある企業の例）

ISO26000の中核主題	2012 年度の目標
組織統治	CSR にかんする従業員の認知・意識の向上
	ステークホルダー・ダイアログの継続実施（ステークホルダー・エンゲージメント）
人権 GC 原則 1～6 に該当	人権にかんするグローバルポリシー作成の検討

個々のよき活動のホチキス綴じ

- 草の根や役員・社員のボランティア参加等も含めた自社の社会課題解決にかかわる活動をほぼ全て開示
  - 一　枠組みは各社独自のもの
  - 一　①コンプライアンス、②環境、③社会貢献などが多い
- それぞれの事例が体系的に整理されているわけではない

図8　専任部署の有無による社会課題にかんする検討状況の違い*

CSR専任部署の意義は大きい

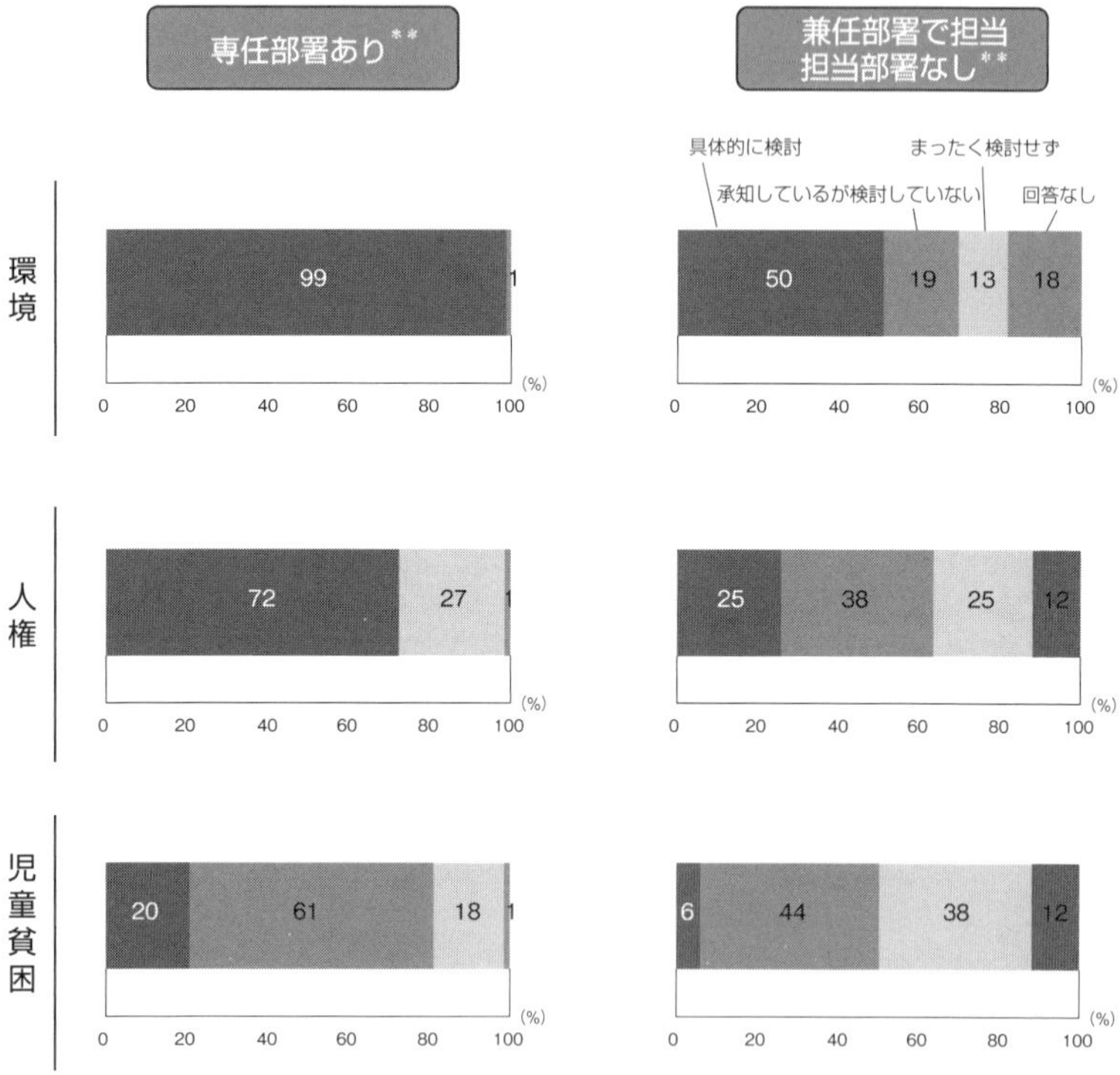

*　「貴社は、それぞれの社会課題分野の解決について、現在、どの程度の関心を有していますか」との問いに対する回答。

・「具体的に検討」：当該テーマの解決について複数回以上会議を持ち、具体的に検討を重ねている
・「承知しているが検討していない」：テーマとしては承知しているが、具体的な検討は行っていない
・「まったく検討せず」：まったく検討していない
・「回答なし」：回答なし

「環境」「人権」「児童貧困」いずれも国内にかんするもの。

**　「貴社ではCSR活動について専任の部署または担当者を置いていますか」との問いに対する回答。選択肢は「専任部署あり（134社）」「兼任部署で担当（63社）」「なし（16社）」。

出所：CSR企業調査（n＝218）より東京財団作成

れるような専任スタッフや部署のチーム力こそが必要なのである。
ところが、ここにも一つ落とし穴がある。それはCSR専任部署の社内での位置づけだ。

孤立しがちなCSR部署

今回の企業調査と並行して四〇社を超える企業に対して個別インタビューを行ったところ、多くの企業でCSRはまだまだ属人的な要素が大きく、そこには二つの特徴があった。一つは経営トップの強い関与を頼みとするケース、もう一つはCSR担当部署の「頑張り」に依存するケースだ。

CSR担当部署は、ほとんどの場合、組織としての権限確保はまだまだで人員も少ない。CSRの仕事の重みや広がりに比べ、人手は少ないものの、その少ないスタッフ一人ひとりが熱意をもって踏ん張っているため、活動が属人化してしまう。

社長・会長といったトップのコミットメントというもう一方の属人化が強ければ、全社への影響力を持つこともでき、やりがいも生まれるのだろうが、二つの属人化が同時に成立することは稀であり、いずれにしても「個人の力」を頼みにすることは持続可能性を損なうものである。

ではなぜ、CSRの仕事は属人化しやすいのか。それは、CSRから見た企業経営と、事業サイクルから見た企業経営で、「時間軸」が異なるからである。

CSR担当部署は一朝一夕には解決しない社会課題を長い時間軸で見ているため、四半期ごとの業績に追われがちな社内の他部署とは異なる視点を持っており、この長期と短期の視点が対立して、孤立してしまうことが少なくないのだ。

CSR担当部署の多くは、従業員や顧客だけでなく、市民や政府など広く社会の各層と対話するため、次第に長期的な視点を持つようになる。しかし、二、三年単位の中期計画で動いていく経営層や社内の他の部署にしてみると、CSR部門の言うことは「正論だけれど悠長な話」に聞こえるのである。

一方、役員・幹部社員世代のCSRに対する考えにも誤解がある。たとえば「CSRはメセナあるいは社会貢献活動」とか「CSRはあったほうがよいが、なくても構わない」と考えている役員はじつはまだまだ多い。

だがグローバル化にともなう経営上の「地雷」を踏まないためには、CSR部署がそのような課題を感知しておくことがリスク・マネジメントとしても重要だ。その意味でCSRはもはや「社会貢献」だとか「メセナ」「寄付」と同義語ではない。

先に述べたように、ある朝、地球の裏側にある関連会社が人権侵害で訴えられるというようなリスクを回避し、企業の社会における存在意義を再確認するためには、CSR部署が持つ長期的視点が事業プロセスに持ち込まれること、つまり「統合」が不可欠なのである。

そのような方向へ向かうための一つの希望として、社会との関係に対する、世代間の意識の差がある。会社人間になりがちな四十代より上の世代（いわゆるベビーブーム世代、日本ではバブル期入社あたりまで）は会社の「外」の出来事に対する関心がより希薄なのに対し、三十代以下（いわゆるＹ世代）は自らの存在価値を会社でのパフォーマンスに依らず、社会とのかかわりの中で見出していく傾向がある。「会社」という枠を超えて「社会」に対してオープンで、自然体でつながろうとする若い社員たちを活用することで、「会社が社会を変える」ことができるかもしれないのである。

社会を変えていく会社はどこにいるのか

アンケート調査とインタビューを通じて、社会を変えていく会社とはどんな会社なのか、どんな工夫をしているのか、その源泉はどこにあるのか、その特徴が見えてきた。

一点目は、社会課題の解決と企業活動の「統合」を長い時間軸で考え行動していること。二点目は、社会課題の解決に自社の強みをいかす努力を続けていること。三点目に、そう仕向けるよう、具体的な仕組みに落とし込んでいること、である。

この後に、会社と社会の関係の構築、企業の強みを的確に見出して、それを発揮した六つの事例を紹介したい。

一つ目は、「対話型」の損保ジャパンだ。社会課題の解決への貢献と自社事業活動への貢献を統合するために必要な「自社の強み」を見出すため、外部ステークホルダーとの対話を愚直に重ねている。対話を続けることで社会が会社に何を求めているのかが明らかになり、そこで発揮すべき自社の強みも見えてくる。世界各地や、東日本大震災の被災地で発揮された同社ならではの強みは、じつは多くの日本企業が有する力でもある。

二つ目は、「ボトムアップ型」。伊藤忠商事は元々の社風でもある個々の社員の問題意識ややる気を引き出すことを通じて、一見すると脈絡がないように見えるが、じつに商社らしい社会と会社の関係をつくり出している。また、世界各地で事業展開する同社にとって、現場の前線を起点とするボトムアップのアプローチは、リスク・マネジメントとしても有効である。

三番目に登場するのは、「グローバルなパートナーシップ型」。世界の巨大製薬企業と伍して競争に勝ち抜くため、自らもグローバル化した武田薬品工業は、世界市場でのパートナーシップによって、企業価値の「創造」と「保全」、つまりプラスの発揮とマイナスの相殺によって社会からの期待や要請に対応しようとしている。

四番目は「ブランド戦略との一体型」。国内飲料会社としてビール・ワイン・ノンアルコールを統合して二〇一三年に発足したキリンの取り組みは、前述の三社とは異なり、組織や個別の事業戦略への「統合」の落とし込みを「見える化」している。世界で最も厳しい消費者がいる日本において、寿命の短い飲料商品をいかに生き残らせていくか。そのためには事業を通じた社会と企業の共通価値の実現を目指すブランド戦略とCSRとの統合があった。

五番目は「ラボ型」。部門横断の小さな社内サークルを、業務の一環として公認し、社員の自発性を促している電通の事例だ。表現と発信、コミュニケーションをビジネスで扱うプロフェッショナルでもある同社のラボから見ると、「人権」もまた違った可能性を秘めた課題となる。ダイバーシティを具現化する社会に向けて、その基盤となる考え方や姿勢を育てつつ、自社の本業ビジネスにしっかりつなげる「統合」を実現している。人をひきつけながら、社会を変える「ラボ」には、組織の新しいありようを見ることができる。

最後は「継続型」。自動車ブレーキメーカーとして、世界的にも高いシェアを誇る曙ブレーキ工業は、本書で採り上げるものとしては最も長い時間をかけて一つのCSRに取り組んでいる。一見、事業活動には関係のなさそうな教育面での貢献を五〇年も続けることによって、他の社会課題とつながり、ひいては、事業活動にも直接よい影響を与えるようになった。さらにダイバーシティやインクルージョンといった現代の重要な経営課題に対する解決のヒントをも与えるようになった好例だ。

社会から会社に対する期待や要請の変遷

社会から会社に対する期待や要請は時代と共に変化してきている。

一九七〇年代は四大公害訴訟やオイルショック等もあり、公害問題や省エネ対応が主だった。製造工程等を見直し、廃水や排気の見直し、使用エネルギーの縮減が主なテーマだった。

八〇年代から九〇年代前半になると、利益の一部還元や陰徳が社会から期待され、企業は文化の擁護を意味するフランス語を語源とするメセナに積極的になった。企業メセナ協議会の設立、利益の一パーセント相当額以上を社会還元する1％（ワンパーセント）クラブの設立も一九九〇年だ。バブル期とも相まって文化・芸術への貢献が進んだが、利益の一部還元とあるように、事業活動との統合は進んではいない。

九〇年代中盤から、阪神淡路大震災をきっかけにボランティアの活動が盛んとなり、企業の活動もこれにシフトした。一九九二年のリオ地球サミット、一九九七年の京都議定書等もあり、地球環境問題への取り組みが進んだ。

二〇〇〇年代に入り、CSR（Corporate Social Responsibility）という言葉が輸入されてきた。国連グローバル・コンパクト（UNGC）の発足も二〇〇〇年だ。企業にも社会課題の解決を促すもので、あらゆる組織がすべてのステークホルダーに対し責任を有するという認識が共有されつつある。企業にはCSR担当部署が置かれ、社会課題に自社がいかに取り組むのか、問われるようになった。政府や市民セクターが解決できない社会課題に、企業が組織力や技術力等の強みをいかして、その解決にあたることが期待されるようになってきている。

こうした経緯を振り返ると、会社に対する社会の要請が時代と共に変容を遂げていることがよくわかる。日本では、二〇一一年に東日本大震災もあり、まさにそこで会社が何をすべきか、あらゆる企業が問われ、その実践に取り組んできている。

あなたの会社はいま何を求められているだろうか。

case 1

対話型

損保ジャパン

広く社会に「課題」を聞き保険の持つ「相互扶助」の原点をCSRにいかす

相手がつらいときこそ、自分たちが役に立つ

将来起こるかもしれない危険に対して、一定の保険料を加入者が公平に分担し、万一の事故に対して備える「助け合いの制度」が、保険の原点と言われる。国民健康保険、国民年金、雇用保険、船員保険などが政府による保険制度であるのに対し、損害保険や生命保険は民間の保険会社が担っている。

損保ジャパンのような損害保険を扱う企業やその社員にとって皮肉なのは、自分たちが社会の役に立っていると実感するのが、災害や事故など加入者にとって望まざる事態が起きたときであることだ。加入者がつらいときに、損害保険会社の最も重要な役割の一つである「保険金の支払い」が発生するからだ。

それを実感させたのは、二〇一一年三月一一日に発生した東日本大震災だった。損保ジャパンは三〇〇〇人を超える体制で被災者の対応にあたった。同社が大切にしたのは、①顧客に一日も早く保険金を支払うこと、②契約手続き等のサービスを途切れることなく提供すること、の二点だ。震災発生直後から被災地への応援社員の派遣を始め、災害対策本部の立ち上げや実地調査、顧客対応等を行った。その支払件数は過去最大の規模となった。

保険会社から支払われる保険金は、被災者にとって次なる暮らしの一歩となるお金だ。どんなに困難な状況に直面しても立ち上がろうとする人たちに接し、「相手がつらいときに役に立つ」ことが、皮肉どころか保険会社の役割や存在意義なのだと、再認識した社員は多かった。

事務屋の力が被災地でいきる

被災地での取り組みを通じて、損保ジャパンは考えた。被災地での保険金支払いは自らの存在意義を社員一人ひとりが見つめなおす機会となった。社員ボランティアの派遣もよい、自らのネットワークをいかした募金を集めて被災地に贈るのもよい、ただ、日ごろの事業活動を通じて磨いてきた自分たちの「強み」をいかした支援をすることはできないのだろうかと。

損保ジャパンは自らの強みの一つに「高度な事務処理能力」があると考えている。保険金の受け取り、保険金の支払い、銀行や生命保険と同様、顧客が大切にしている資産にかんする仕事だ。間違いは許されない。加入者の契約、たくさんの事故など、日々の事務量は膨大だ。東日本大震災のような大災害が起きたとしても、迅速に被害実態を把握し、保険金を被災者に支払うためには、正確かつ高度なワークフローが求められる。保険会社なのだから、業務をきちんと回すのはあたりまえだと思われるかもしれないが、業務量のピークをも想定し、一つの間違いも起こさないような業務フローの企画と構築、執行と改善は、同社の強みの一つと言える。

その強みがいきた例が、宮城県牡鹿エリアを中心に活動する「キャンナス東北」への事務支援だ。キャンナスは神奈川県藤沢市に本部を置く、訪問ボランティアナースの全国組織だ。地域に住む看護師が「訪問ナース」として、家族に代わり医療や介護の手伝いをするボランティアで、キャンナスは訪問ナースの登録・派遣業務を行っている。

東日本大震災後に設立されたキャンナス東北では、高齢者を中心にあらゆる身体や心のケアを積極的に展開し大きな成果をあげていた。看護師たちは、現場で支援を必要とする高齢者一人ひとりのケアに集中する。そのかわりにバックオフィス的な業務が滞り、引き継ぎがうまくいかないこともあった。地域の課題にかんする情報共有や数値化まではできず、そのために確信をもって行政に訴えることができずにいた。あまりに多忙のため看護師たちの交通費の精算が滞り、活動に必要な助成金の申請も、不慣れでチャンスを逃しがちだった。

損保ジャパンはこのような団体こそ、自分たち「事務のプロフェッショナル」が持つ力を必要としているのではないかと考えた。そこで、事前に現地のニーズと自分たちの強みが合致することを確認した上で、三カ月にわたり計一〇名の社員をキャンナス東北に派遣した。

派遣された社員たちは、キャンナス東北の業務フローの見直しを行い、後々、自分たちが引き揚げたあとも、キャンナス東北のスタッフだけで事務が回るよう、彼らの能力開発にまで取り組んだ。具体的には、利用者データベースの作成、地域の医療福祉介護の課題の可視化、そのために必要な共通帳票の作成や表計算ソフト等のスキル教育、助成金申請の支援等を行ったのである。

キャンナス東北は事務のプロから力を得てより持続可能で、より地域に役立つ組織となったわけだが、この活動は派遣された社員にも大きな気付きをもたらした。それは「事務職」の強みの再発見だ。普段当たり前に行っているデスクワークも、復興に貢献できると気付くことができたのだ。震災直後の瓦礫撤去のようなボランティアと違って、自らが職業人として会社で会得した力を、そのまま社会のためにいかせることがわかったのである。しかも一人ではなく、組織で活動する意義も理解することができた。これらの気付きは彼らが職場に戻ったときに大きな意義をもたらすはずだ。自分は何のために仕事をしているのか、そこを腹に落として実感しながら仕事ができるのだから。

源流は二〇年前のリオ地球サミット

損保ジャパンのCSRの源流は、国際連合の主催によりブラジルのリオ・デ・ジャネイロにおいて一九九二年六月三日から一四日まで開催された「国連環境開発会議（地球サミット）」にさかのぼる。同サミットでまとめられた「環境と開発に関する宣言」には「社会の重要部門および国民間の新たな水準の協力」という記載があるが、そうは言っても当時の日本からの参加者の大半は行政関係者であった。そうしたなか、民間企業のトップとして参加したのが損保ジャパンの前身の一つ、安田火災海上保険株式会社の後藤康男社長（当時）だ。

地球サミットの開催日程は株主総会シーズンの直前であり、当時、経営トップで参加しようと手を挙げたのは彼一人だったという。しかし、後藤は環境や持続可能な社会の構築こそが社会にとっても企業にとっても重要であると考え、この会議に高い関心を寄せていた。

もともと、ゴッホの名作「ひまわり」を購入し一般公開したのは、保険金を支払うとき以外にも加入者、つまり社会に還元したいという気持ちからだった。そして、そんな経営者に会いたいという米国の自然保護団体TNC（自然保護協会）の訪問を受けたのをきっかけに、後藤の環境への関心は深まっていったという。「企業には徳と力が必要」という後藤の理念のもと、地球サミットへ参加、さらにその対応拠点として地球環境室の設置がトップダウンでスタートしたのである。

たしかなトップの理念に加えて、当時の安田火災海上保険が同業界の二位企業であったことも忘れてはならない。九〇年代初頭、保険業は規制産業であり、商品企画でも価格においても、自社を差別化できる項目が少なかった。そこで考え出されたのが環境問題だったのである。社会とその未来をきちんと見ている企業・社員は、顧客から選ばれるとの確信が後藤にはあったのかもしれない。

トップ依存ではなく、社員みんなの課題に

トップの意向に依存したCSR活動は多い。そういう場合、トップの交代とともにやがて活動が萎んでしまうのをよく目にする。ところが、損保ジャパンはそうはならなかった。「全員参加、地道・継続、自主性」を合言葉に全社浸透を続けた。このフレーズは現在まで一貫して続く同社のモットーだ。地球サミット翌年の一九九三年には社員のボランティア組織「ちきゅうくらぶ」や「市民のための環境公開講座」を開始、市民社会とのかかわりも始めた。

環境からスタートしたＣＳＲは、やがて本格化していった。グループ全体でＣＳＲ研修に取り組み、各職場での具体的事例を材料に職場全員で話し合うようになり、その伝統は徹底した社内・社外の対話を繰り返す習慣として、いまも継続されている。

同社では人事考課で使用するシートに、「社会的責任への取組み」の項目があり、上司と部下との対話において必ず採り上げるよう設計されている。しかも、あくまでも対話の材料として活用し、評価の対象からは外してあるのも心憎い。

ステークホルダーからの期待をアンケート調査

損保ジャパンのＣＳＲ「統合」のプロセスでは、「五つの重点課題」を定めている。

一つ目は、「安心・安全」の提供だ。社会におけるさまざまなリスクに備え、顧客の「安心・安全」を支援する先進的なサービスを提供することである。二つ目は、気候変動をはじめとする地球環境問題への対応だ。「適応と緩和」のアプローチで、気候変動のリスクに自ら対処するとともに、他のセクターとのパートナーシップで新しいソリューションを開発していくという。三つ目は、金融機能をいかした社会的課題の解決だ。ＥＳＧ（環境・社会・ガバナンス）課題を組み込んだ責任投資を推進するとともに、金融・保険機能を活用して社会的課題の解決に寄与する商品・サービスの開発に取り組む。四つ目は、ＮＰＯなどとの協働を通じた持続可能な社会づくりへの貢献だ。そして最後に、人材育成とダイバーシティ推進による強い組織づくりがある。多様な人材を受け入れ、全社員がいきいきと働き、能力を発揮できる環境を整備することで、事業を通じて社会に貢献できる人材の育成に努めていくとしている。

これらのCSR「五つの課題」は他の会社でも見ることができるが、大半の企業ではCSR担当部署や経営企画部門の立案であったり、トップダウンであったりする。ところが、同社の策定プロセスはそのいずれとも異なり、三つのステップに分けられる。①ISO26000に基づく分析・アンケートの実施（重点課題分析）、②有識者ダイアログの開催、③CSR「五つの重点課題」の特定だ。

まず①ISO26000に基づく分析・アンケートの実施（重点課題分析）では、ISO26000による社会課題のマッピングと一般市民を対象としたアンケートにより同社への期待度を聞いている。

総論でも触れたが、ISO26000とは、先進国から発展途上国まで含めた国際的な場で複数のステークホルダー（消費者、政府、産業界、労働、NGO、学術研究機関ほか）によって、議論され、開発された国際規格だ。ISO14001（環境）のような「認証」を目的としたマネジメントシステム規格とは異なり、ステークホルダーを重視し、組織が効果的に社会的責任を組織全体に統合するためのガイドライン（手引き）である。
ＩＳＯ２６０００で重要なのは、組織がかかわるすべてのステークホルダーにとっての中核主題と課題への対応を、検討・実行しなければならないことだ。たとえば、「人権」といっても、誰の人権なのか、どんな課題がありうるのか、といったことについて、このガイドラインを使って、自分の組織にとっての人権保護にかんする課題を特定していかねばならない。

同社の場合、まず、ＩＳＯ２６０００を使って、どんな課題がありそうか抽出するところから始めた。その上で、一般へのオンラインアンケート（有効回答数一〇三一名）を行い、ステークホルダーから自社への期待の高いものは何かを明らかにする。さらに、自社の事業活動にとっての重要性をあわせて考えた。この二つの軸、つまり「ステークホルダーからの期待度」と「自社にとっての重要性」をマッピングしたのだ（図９）。

市民セクターの有識者にアドバイスを求める

これを踏まえ、②有識者ダイアログに進む。一般に、同社での有識者とのダイアログはＣＳＲ担当部署だけが臨むのではない。環境や市民セクターの第一人者を招き、経営陣、現場の各部門はもとより、新入社員までさまざまな階層で対話を重ねるのである。

図9　ISO26000に基づく重点課題分析評価のマッピング

（縦軸：ステークホルダーからの期待度／横軸：NKSJ グループ*にとっての重要性）

● 雇用創出および技術開発 ● 地域社会への貢献活動 ● 健康水準上昇に資する活動・情報提供 ● 教育および文化／芸術	● 社会的課題解決への貢献 ● 人権の尊重と侵害への加担の回避 ● 人権デューデリジェンス ● 気候変動への緩和策	● 積極的な情報開示 ● お客さま対応の品質向上 ● お客さまの声の反映の取り組み ● お客さまへの丁寧な説明 ● 気候変動への適応策 ● 高齢者の雇用創出
● 生物多様性の保全 ● 労働条件および社会的保護 ● 持続可能な資源利用	● ステークホルダーエンゲージメント ● 社会的責任の意思決定プロセス ● 差別および社会的弱者 ● コーポレートガバナンス ● ダイバーシティ ● リスク管理 ● 障がい者の雇用創出	● 環境改善に資する商品・サービス ● 社会的弱者へのサービス ● 代理店との共存共栄
● 職場の安全環境 ● 利益相反管理	● 公正なマーケティング ● 社員のヘルスケア ● 公正な取引の推進 ● 持続可能な消費 ● 不正行為の防止 ● 反社会的勢力への対応	● コンプライアンス ● 従業員との対話 ● 人材育成

ステークホルダーからの期待度

NKSJ グループ*にとっての重要性

出所：同社CSRレポート2012

＊損保ジャパン、日本興亜損保などの持株会社NKSJホールディングスの傘下にある企業群のこと。

それによって、社会と会社の関係をつねに考え、行動を担う人材を育てることができる。重点課題の特定プロセスにおける、有識者ダイアログでの発言を、同社のCSRレポート2012から見てみよう。有識者からは以下のような指摘がされている（以下、カッコ内は同社「CSRレポート2012」からの引用）。

「たとえば東日本大震災後の日本では、温暖化問題への取り組みのペースは遅れがちですが、タイの洪水のような災害はこの先、増えていくと考えられ、『気候変動』の問題は保険会社にとって重要な課題だと思います。幅広い視点を失わず、半歩から〇・七歩ほど先を見据えた先進的な課題設定ができるといいですね」（環境ジャーナリスト、ジャパン・フォー・サステナビリティ代表・枝廣淳子氏）

「『安心・安全』の提供については、既存のサービスを通じて価値を提供していく手法と、新たなサービスをつくり出して価値を提供していく手法があると思います。たとえば、エコ安全ドライブサービスの提供は、日本においてはすでに当たり前のサービスかもしれません。一方、途上国では交通死亡事故がこれから顕在化する課題であり、予防的なサービスとして提供していくことが求められ、ニーズとしても高まっていくでしょう」（人と組織と地球のための国際研究所代表・川北秀人氏）

有識者との対話を通じて、市民や企業それぞれの視点を将来に転じ、中長期の時間軸を取り入れることができるようになっている。また、日本国内だけでなく海外にも視野を広げることにも成功している。

同社では、有識者ダイアログから得られたキーワードを「幅広いステークホルダーとの対話の継続」「広がりや奥行きのある先進的な課題設定」「新しい価値を生み出すことで社会への積極的な働きかけを」の三つであるとしている。

社会課題の特定は「急がば回れ」

これらのプロセスを経て、最終段階の③CSR「五つの重点課題」の特定に進む。ここでは、①重点課題分析の結果に②有識者ダイアログから得られた三つのキーワードを踏まえ、改めて、「ステークホルダーからの期待度」と「自社にとっての重要性」の二つの軸を使ってマッピングを行う（図10）。

ここまでの過程を見て、そんなに手間をかけなくてもよいではないか、日ごろやっていることをうまく要約すれば同じ結論になるのではないか、と思う人もいるかもしれない。しかし、逆説的にいえば、本当に重要なのはこの五つの言葉ではない。

要するに、CSR「五つの重点課題」にかんする検討プロセスを明示することで、「今後もステークホルダーとの対話を継続して行い、会社の取り組みを見直していきます」と表明

図10　重点課題のマッピング

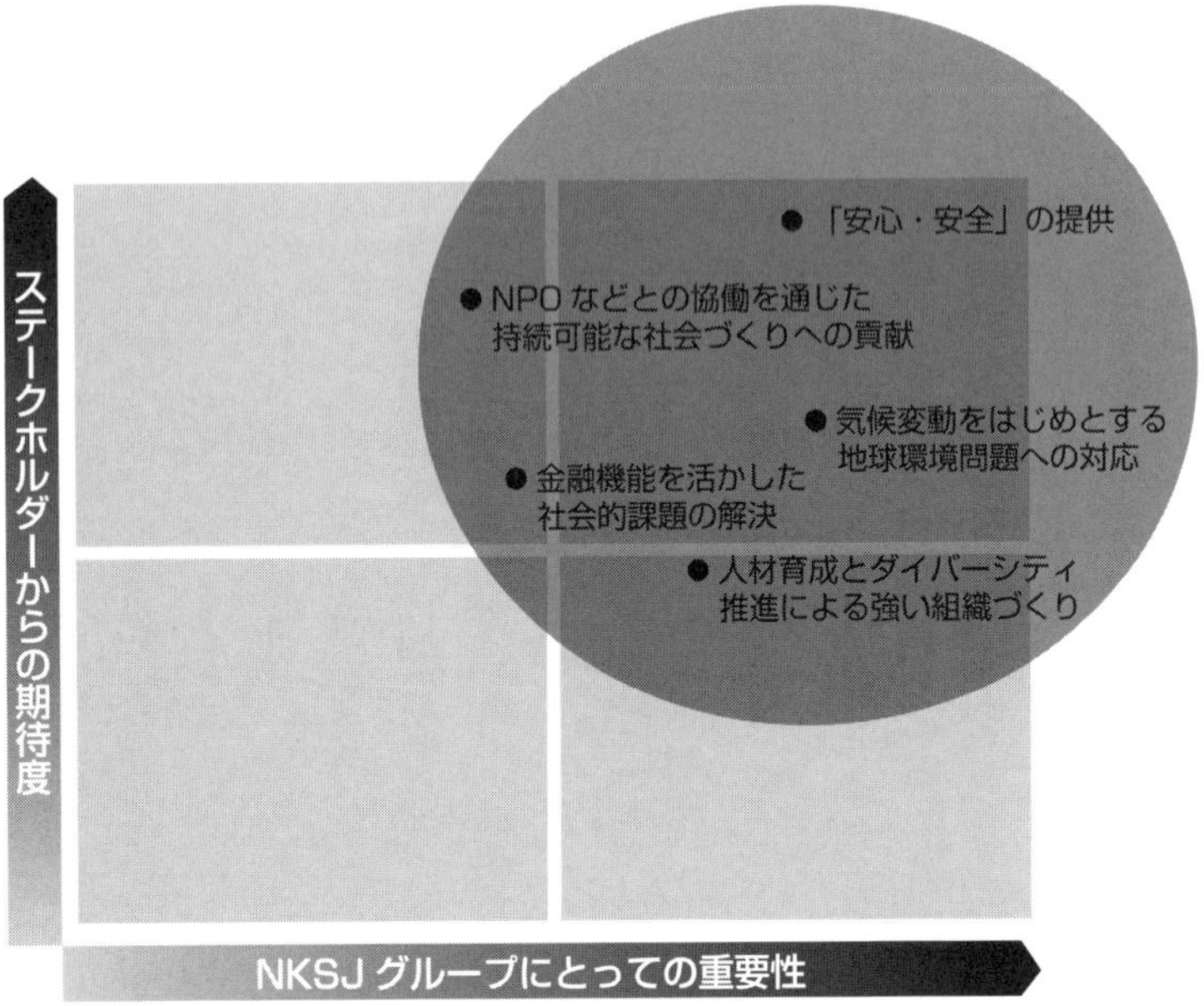

出所：同社CSRレポート2012
注：2014年に改定し、現在は「グループCSR6つの重点課題」。
（参照：http://www.nksj-hd.com/csr/system/）

しているのである。ここには、社会の課題と解決への期待はつねに変動しているとの認識がベースにある。社会が直面する課題というものは、自然環境、政策、経済・景気、企業行動・ビジネスモデルの変化、人々の働き方、家族・家庭の形、それぞれの価値観といったさまざまな要素が絡まりあい、影響し合って、予想もしない変化にさらされているのが実態だ。

ステークホルダーや有識者との対話によって、経営トップや社員一人ひとりが「自分たちがその変化に対応できるかどうか」を自問するのである。去年と同じことをやっていてはその課題は解決できなくなっているかもしれないし、社会の期待に応えられなくなっているかもしれない。刻々と変化する課題をしっかりと捕まえるには、対話プロセスこそが重要なのだ。

組織は硬直化しやすい。一度決めたらなかなか変えられないし、変わらない。けれども社会と積極的にかかわっていくためには、半歩先、〇・七歩先の未来を見据えながら、対話に向き合うことこそが不可欠なのだと気付いている同社の姿勢には先見性が表れている。

重点課題の解決を「自分事」にする

では、特定された重点課題をどのように解決へと導いていくのか。たとえば、「気候変動をはじめとする地球環境問題への対応」という重点課題について見てみよう。

一九八〇年代以降、気象災害は拡大傾向にあり、地球各地の経済活動等に大きな影響を及ぼしている。気象災害に遭遇する確率を比較すると、OECD加盟国では一五〇〇分の一であるのに対し、途上国では一九分の一ときわめて高い。地球環境問題は経済的に厳しい地域により厳しい結果をもたらしている。保険事業にも、支払う保険金の増加、それに伴う保険料の上昇などの影響を及ぼしかねず、安定して保険を提供することが難しくなる可能性もある。

一方で、気候変動に対する「適応策や緩和策」が、保険事業にプラスに働くケースもある。たとえば、「適応」でいえば、気候変動によって生じる影響や被害を保険によって軽減することが可能であり、再生可能エネルギー事業のリスクをカバーする保険、社会の低炭素化に向けた技術革新を促す保険などが、新しい保険マーケットを創出し拡大させる可能性もあるのだ。

こうした認識を踏まえ、同社では「気候変動をはじめとする地球環境問題への対応」を自社のリスク・マネジメントとしてとらえるばかりではなく、自らが事業機会を創出し、市場でのリーダーシップを発揮する成長の機会としてもとらえている。

また、温室効果ガスの排出量の削減など「緩和」の方策として、自動車事故修理時のリサイクル部品の活用、Ｗｅｂ型約款の推進による紙使用量の抑制、調達プロセスにおけるグリーン調達の導入、エコ安全ドライブの普及活動などへの取り組みがある。ビジネスパートナーである保険代理店や修理業者、原材料メーカーや納入業者等と連携し、また、顧客にも呼びかけて、利用率を上昇させるよう努力を重ねている。自社の各部門が、それぞれに担うバリューチェーンに対して、具体的なアクションに落とし込むことができている好例だ。

再生可能エネルギーの普及を後押しする専用保険では、同社が開発した「売電収入補償特約」を付けた。太陽光発電システムが火災や自然災害などにより計画していた発電量に達しない場合に、営業利益の減少を補償することができるもので、太陽光発電事業者のリスクを軽減できるため、再生可能エネルギー事業の普及に貢献できる。

タイ東北部の農家に気候変動リスクヘッジ商品を販売

「適応」方策のひとつとして、気候変動リスクをカバーする新しい商品を開発した。二〇一〇年からタイ東北部において「天候インデックス保険」の提供を開始したのだ。タイ気象庁が発表する累積降水量が一定値を下回った場合に、稲作農家に一定の保険金を支払う商品だ。これで干ばつによる被害が軽減できるようになった。

現地の多くの農家では、農作業に着手する前に銀行から資金を借りて、収穫された農作物を販売して現金化し、資金の返済に充てる習慣がある。しかし、干ばつにより収穫高が大幅に減少すれば返済資金が不足するし、そうしたリスクを恐れるあまり、銀行が金利を高くしたのでは、農家のためにならず、収穫量が見通せないことが農家にとっても銀行にとっても深刻な問題となっていた。

だからこそ、気候変動に伴うリスクを適切な保険料でカバーすることができれば、地域社会にとっても同社にとっても意義がある。現地に信頼できる気象データ測定のインフラが整

図11　タイ東北部における「天候インデックス保険」の仕組み

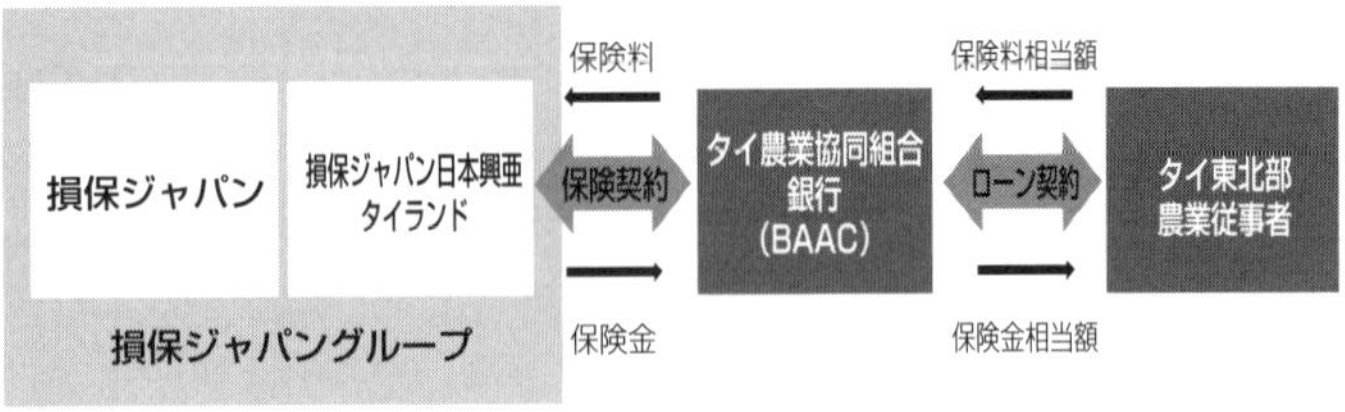

っていたことも手伝って、「天候インデックス保険」の導入が決まった。これを保険相当額のローン契約とセットで普及させられるのも、タイに保険の概念を導入するには好都合だった。

導入にあたり損保ジャパンは、現地でのリスク・ファイナンス手法を開発するとともに、地域の農家向け金融機関であるタイ農業協同組合銀行（Bank for Agriculture and Agricultural Cooperatives）と組んで、地域への普及と販売を進めた（図11）。

また、商品開発では同社の強みであるリスク評価や金融機能をいかしたリスク・ファイナンス手法に加え、保険になじみのない現地の農家の声にも耳を傾け、わかりやすいシンプルな商品とした。

二〇一〇年度にタイ東北部のコーンケン県から始まった「天候インデックス保険」の販売は、二〇一一年度には五県に、二〇一二年度には九県にまで拡大している。二〇一二年度には、一部地域において干ばつが発生したが、多くの保険加入農家が保険金を受け取ることができ、その効果・効力を認識することとなった。

目指すはCSRの見える化・数値化

損保ジャパンが各部門、各プロセスで重点課題に取り組むことができる理由は、「検討」プロセスに時間をかけているからだけではない。「実行」プロセスにおいても、CSR「五つの重点課題」ごとに目標を掲げ、その実績を明らかにするとともに、次のアクションに向けたPDCAプロセスを回しているからだ。

さらにCSRのKPI（Key Performance Indicator：重要達成指標）の策定にも着手している。KPIというのは具体的な指標、つまり数値化を進めるということである。日本企業は生産や販売といった自社事業のプロセスの数値化は得意だ。「カイゼン」に代表される現場改革では数値化や可視化が不可欠であり、実際に多くの会社で取り組みが進んでいる。

ところが、CSRはなぜかそのレベルには遠く及ばない。CSRに優れていると評価される外国企業ではこの分野の数値化・可視化が得意だ。彼らのレポートに記載された非財務情報には定性的な情報のみならず、定量化された情報が多く、そのインパクト、スケール感が読者、つまりあらゆるステークホルダーによく伝わるようにできている。

「彼らは数字をつくるのがうまいのだ」という人もいるかもしれないが、それは違う。日本企業も事業活動の数値化や可視化は得意なのだから、CSRではそれができないということとはありえない。単にＣＳＲは数値化が不要だというような社内の雰囲気がまだまだ支配的だからだと思われる。
そのようななかで、損保ジャパンは有識者との対話を通してＣＳＲのＫＰＩに取り組んでいる。検討にあたり、役員や部門長が参加した社外有識者との対話が興味深いので引用する（以下、カッコ内は同社ＣＳＲレポート２０１３からの引用）。
「ＫＰＩを作るポイントをいくつか提示します。一つ目は、あるべき姿の旗を立てるバックキャスティング型で作ること。測れるか、公表できるかは関係ない。最初はその縛りを取り払うことです。二つ目は、どのくらい時間をかけて作るかということ。データの取り方がわからないため、初めからすべて用意できないこともありますが、進化するＫＰＩで良いということです。三つ目は、ＫＰＩ自体のＰＤＣＡを回していくこと。一回作ったら終わりではなく、ぶれずにしなやかに、時代や社会の要請に応えるＫＰＩとすることです」（枝廣淳子氏）
「ＫＰＩとは、ロングレンジのロードマップに基づいたマイルストーンであり、それが年度目標として達成されたかどうかを五～七年ぐらいを視野に入れて作られるべきです。年次でみるときには必ずしも全部開示されていなくても良いのですが、目標として設定されたマネジメント指数に則っているかどうか、できなかったことはどこまでできていて、いつ頃を目標にしているかなどということは確認させていただきたいポイントです」「何をＫＰＩにするかということは、自分たちの経営方針に照らしながら、どういう社会的インパクトを生み出していくべきかという観点から考えていくべきです。したがって、短期目標だけではなく、中長期の目標もまた必要だということをご認識いただきたいと思います」（川北秀人氏）

これに対し、同社はこう答えている。

「KPIを策定し『見える化』することは企業としての成長のエンジンであり、ステークホルダーとの信頼性向上や相互会話に結びつけられるような指標にしていくことが重要だと強く感じました」（損保ジャパン・日本興亜損保専務執行役員・磯谷隆也氏）

「KPIを考えるということは、自社グループの社会的責任を深く考えることです。我々が与えるポジティブな社会的インパクトをいかに大きくしていくか、そのためには何を目標としなければならないのか、という観点でCSRについて議論をするスタートラインだと考えています」（損保ジャパン・CSR部上席顧問・関正雄氏）

確かにCSRのKPIをつくることは難しい。しかし、社会と会社の関係、つまり、会社として社会のために何ができるのか、そもそもこの会社はなんのためにあるのか、あらゆるステークホルダーとの関係において会社とは何か、損保ジャパンは、KPIの策定というプロセスを通じて、そんな高みを目指す活動を続けている。

case 2

ボトムアップ型

何に困っているか まず耳を傾ける 現場主義から生まれるCSR

伊藤忠商事

きっかけは大物アーティストのコンサート

伊藤忠商事（以下、伊藤忠）の代表的なCSR案件の一つに「プレオーガニックコットンプログラム」がある。インドの農家が生産する綿（コットン）を脱農薬のオーガニック栽培へ移行支援しながら、サプライチェーンの川下の最終製品に付加価値を付けて消費者に販売することで、その川上にいる農家の経営も安定させようという取り組みである。

インドでは、一九六〇年代以降、綿の栽培における遺伝子組み換え種子と、これに対応した農薬・化学肥料の使用が急拡大し、環境悪化と綿花農家の健康面・経済面での負担が深刻な課題となっていた。綿花畑の面積は、世界の全耕作面積の約五パーセントにすぎないが、ここでは世界の殺虫剤の二五パーセントが使われているという。農家にとって、種子や農薬・化学肥料の費用負担は大きいし、農薬や化学肥料の使用の積み重ねは土壌の環境悪化を招く。

苦境に立たされたインドの綿農家。この現状を同社が知ることになったきっかけは、ある著名な音楽グループのコンサートイベントだった。「コンサートグッズにオーガニックコットンを使いたい」。そんなアーティストの要望を聞いて、伊藤忠の担当者は現地に飛んだ。

行ってわかったのは、農薬を使用することによる健康被害、環境への影響とその悪循環だった。綿花の栽培では劇薬である農薬が散布される。素手でさわり素足で踏めば、皮膚が直接ダメージを負う。口から吸えば気管や内臓にも影響がある。さらに、土壌に染み入れば、土の中の微生物が減り、土が痩せる。そうなれば収穫量はだんだんと減少してしまう。さらに土に入った農薬等は地下水を経て井戸に入り、飲み水に混ざり、人はもちろん家畜まで、その地域の健康への影響は計り知れないものとなる。農家が農薬を購入するための経済負担も重い。農薬が増え、土地が痩せ、収穫量が減る、そしてまた農薬や化学肥料が増え……という悪循環に陥った農家は、その貧しさから銀行ではなく村の高利貸しでお金を借りるしかなく、借金の返済に苦しむことになる。中には、その経済負担から自殺に至ってしまう人もいるという。

農薬や化学肥料を用いず、オーガニック農法に転じることができれば、この悪循環から脱し、健康被害もなくすことができるはずだ。長い目で見て、オーガニックコットンへの移行が農家にとって経済面でも、健康面でも望ましいことは明らかだが、その移行には大きな壁があった。

無農薬農法開始からオーガニック認定までの三年間は、農薬を使用しないことによる虫害の発生や栄養不足により、収穫量が減ってしまう。オーガニックコットンには、それまで使っていた遺伝子組み換え種子ではなく、遺伝子組み換えをしていない種が必要だが、それが手に入らない。また買取りの価格は上がらないから、二〜三割の収入減を招く。農家としてはそんなリスクを負ってまで、まったく経験のない世界に足を踏み入れることができずにいたのである。

そこで伊藤忠の担当者は考えた。オーガニックコットン生産の意義を理解してくれる服飾メーカーや消費者の理解を得て、オーガニック農法へのシフトに要する三年間をサポートするプログラムを作れないかと。

つまりオーガニックコットンを生産し、認証を取得するまでの製品を「プレオーガニックコットン（移行期間綿）」と名付け、これを対象とした支援を行うのである。移行を望む綿農家に対し、オーガニック認証の条件である遺伝子組み換えをしていない種を配布、オーガニック農法の指導者や第三者機関の認証検査員も派遣する。また生産量が落ちこむ移行期間の綿に価格を上乗せして購入することにしたのである。こうして三年の移行期間を支援すれ

図12 プレオーガニックコットンプログラム

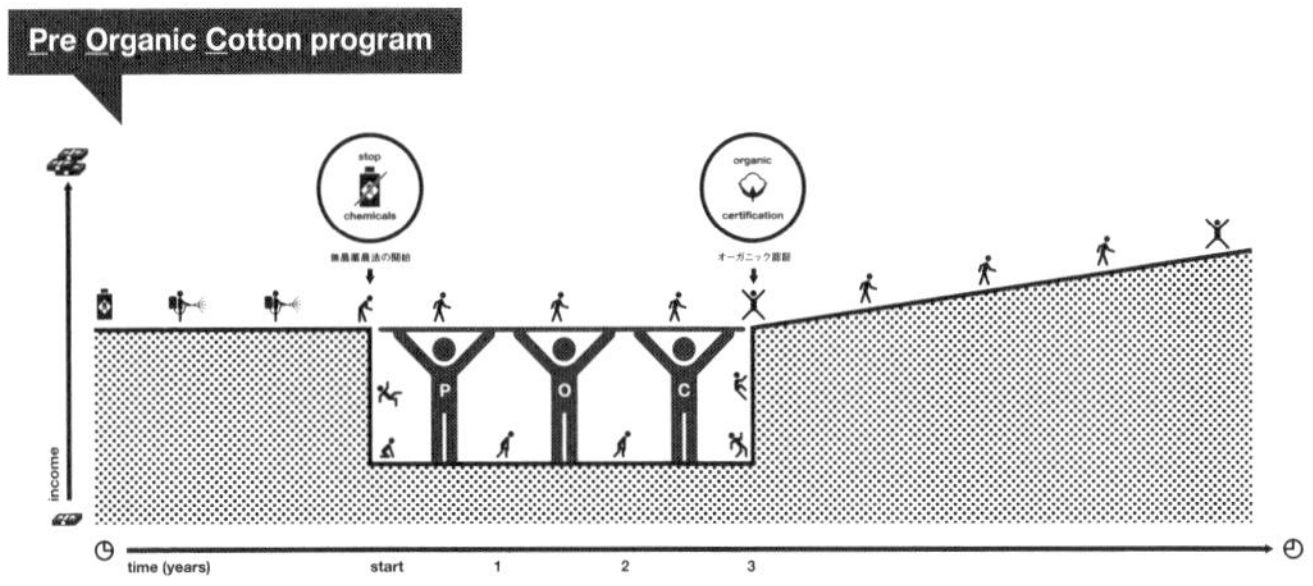

出所：同社ウェブサイト

ば、認証を受け本格的なオーガニック農法に移行することができるようになるというわけだ（図12）。

六年で五割がオーガニック農法に転換

二〇〇八年のプログラム開始からこれまでに、三三四八世帯の農家が参加し、うち一一七九世帯がオーガニックの認証を取得した。また、収穫された綿花は四〇社を超える製品に導入され、二〇一三年に取扱量一五〇〇トン、関連製品売上高五億円に達している。二〇一四年にはアパレルメーカーや自然化粧品メーカー等との取り組みがプレオーガニックコットンの売上と市場拡大を牽引し、取扱量二五〇〇トンを見込んでいる。今後は、欧米市場など海外にも拡大し、二〇一五年には取扱量五〇〇〇トン、関連商品売上高二三億円、二〇一七年には取扱量一万トン、取扱高五〇億円規模を目指している。

一人のアーティストの声を手がかりに、現地に飛び、自らの目で見て、その声を聞き、実態をつかんだからこそ、環境の改善や人権の保護といった社会課題解決につながった例であり、伊藤忠のCSRの特徴は、本業を通じた「現場主義」と「本業直結」といえる。

東日本大震災復興支援も現場から

徹底した現場主義は東日本大震災の復興支援でも貫かれている。伊藤忠の復興支援は一つひとつの取り組みの規模が企業規模のわりにはあまり大きくない、分散しているという特徴がある。プログラムのタイプもそれぞれに異なり、一見すると脈絡がないようにも見える。ところが、そんな彼らの支援に共通していることがある。それは、支援のスタートが「社員」なのだ。

被災地を訪れた社員ボランティアは、他社と同様、各地で現地の人と交流を深めた。交流が深まれば、やがては本音を語り合えるようになる。同社の支援は、社員が見てしまった、聞いてしまったことから始まる。商社マンとしてビジネスをゼロから作ってきた経験から組織のどこを押せばどう動くか、よくわかっている。本音の会話という小さい種が大きく育って、いろいろな支援プログラムが生まれ、時にはそれがビジネスを生み出すこともある。これもビジネス開発の一つかもしれない。

なぜボトムアップなのか

伊藤忠では個々のCSR案件がボトムアップで生まれてくる。前節で取り上げた損保ジャパンでは、一般や有識者も含めた「外の声」をうまく活用していたが、伊藤忠の場合は、自社が取り組むべき社会課題は何かを「社員に聞く」ことにある。

ステークホルダーが数多くいるなか、なぜ、社員なのか。それは商社という業態とかかわりがある。商社は、それぞれの事業ごとにビジネスモデルが異なる。投資や融資をして儲けるもの、貿易に絡んで儲けるもの、物流を担って儲けるもの、小口販売を担って儲けるもの、商標やアイデア等のライセンス料を取って儲けるものなど、いろいろだ。しかし、千差万別のビジネスモデルがあるからこそ、商社のビジネスの実態はよく見えてこない。一般の人に「商社が社会課題の解決に取り組むとするとどんなことをしてもらうのがよいと思いますか？」と聞いたとしても、だれもきちんと答えられないだろう。ならば、社員に聞いて、社員に考えてもらおうというわけだ。

企業理念への共感が、課題を浮き彫りにする

伊藤忠の創業は、一八五八（安政五）年、初代の伊藤忠兵衛が滋賀県豊郷村から長崎を目指して麻布の持ち下りの旅に出たところまでさかのぼる。彼は、出身地である近江の商人の経営哲学「三方よし」の精神を事業の基盤としていた。「三方よし」とは、「売り手よし」「買い手よし」「世間よし」であり、彼の座右の銘は「商売は菩薩の業、商売道の尊さは、売り買い何れをも益し、世の不足をうずめ、御仏の心にかなうもの」だったという。ビジネスと菩薩の業、一見すると理解しづらいが、「世の不足をうずめ」という言葉にあるとおり、社会の要請に応えることこそが会社の存在意義であると考えていたことがわかる。

こうした創業の理念のもと、一九九二年、同社は企業理念を「Committed to the Global Good（豊かさを担う責任）」と定めた。この企業理念を定める際、同社は全世界の社員一万人（当時）が参加・議論し、一年かけて決めたという。

同社のCSRの方向性を決めるためにアンケートを実施した際、驚くことに全対象者六七三八人のうち、回答者は六五〇五人、実に九六・五パーセントの回答があったという（二〇一三年）。その内訳は、単体社員では九九・五パーセント（四八四四人に対して四八一八人）、海外スタッフでも八九・一パーセント（一八九四人に対して一六八七人）に及ぶ。

社会課題を特定するプロセスにおいて、外部有識者との対話も行っている。伊藤忠では社

長や役員と外部有識者の対話になるが、この対話も全社員にオープンにして開催した。

　こうしたプロセスを経て、同社はＣＳＲの重点課題を、①気候変動、②持続可能な資源の利用、③人権の尊重・配慮、④地域社会への貢献、の四つの対象にフォーカスしている。また、これらのアンケートを通じて、取り組むべきＣＳＲ課題として「社会的課題の解決に資するビジネスの推進」を挙げた回答が二〇一〇年の四〇・八パーセントから二〇一二年には五四・八パーセントと半数を超えてきており、社内における「社会課題解決への貢献」と「自社事業活動」の「統合」に対する理解がより浸透してきていることがうかがえる。前述のプレオーガニックコットンのような取り組みも増えてきているという。

社内報の九月号は毎年ＣＳＲ特集

　社風が前提にあるとはいえ、ボトムアップ型ＣＳＲを支える仕組みをつくるのは簡単なことではない。伊藤忠は全世界の社員向けに社内報を毎月発刊しているが、毎年九月の社内報はＣＳＲ特集としている。日本語と英語で書かれた社内報を見てみよう。

　ＣＳＲ特集の表紙は世界地図の上でさまざまなプロジェクトが立ち上がっている様子をあらわすイラストだ。そのテーマは「世界の社会的課題と戦う伊藤忠商事」だ。それぞれの現場が取り組んでいるＣＳＲ案件を採り上げている。一目瞭然、社員たちが世界のさまざまな場所でさまざまな課題を扱っていることがよくわかる（図13）。

二〇一三年九月号を開いてみよう（右側から開けば日本語、左側から開けば英語、以降、すべて同じ内容が日英で書かれている）。巻頭は「社長メッセージ」だ。「伊藤忠商事のＣＳＲの基本的な考え方は『本業を通じて持続可能な社会の実現に貢献していく』ことです。ぜひこの機会に、我々の事業活動と社会との関わりについて考えてみてください」から始まる社長の言葉を、以下、いくつか引用してみよう。

「私がまだ駆け出しのころ、在庫処理で困っている問屋のお客さんに解決策を提案したことがありました。伊藤忠はその客先には、仕入れた品を売り切ればその先、商売上の責任はなかったのですが、困っているお客さんを見捨てるわけにもいかず、必死に考え抜きました。その案が功を奏し、お客さんは『商売が終わった後もうちのためにようやってくれた』と大変喜んでくれ、信頼関係を築くことができました。これは商売上のエピソードですが、お客さんの課題（悩み）を社会の課題に置き換えて考えれば、ＣＳＲの考え方にあてはまるのではないかと思います」

「ＣＳＲという言葉はやや難しく聞こえますが、我々が商売上でお客様の課題をお客様のために解決するのと同様に、目の前の社会的課題の解決に取り組んでいくと考えれば、一歩を踏み出しやすくなるのではないでしょうか」

図13　世界の社会的課題と戦う伊藤忠商事

同社社内報 2013 年9月号表紙より

「事業活動における人権や環境面の影響、さらにサプライチェーンの中で生じる人権侵害や環境汚染などの負の影響に間接的に加担していないかなどをきちんと把握し、国際基準に照らして取り組んでいかねばなりません。社会と共通の価値観のもとで持続可能なビジネスを創り上げていくことは、決して容易なことではありません。近道などなく、謙虚な姿勢で、社会からの声を聴き、知恵を絞っていくしかないのです」（伊藤忠商事社内報二〇一三年九月号巻頭「社長メッセージ」より）

社会と会社の関係は自社の存在意義そのものであり、ビジネスを発展させていくうえで必要不可欠なものだと表すとともに、社会課題そのものにきちんと対処することができなければ、企業価値を毀損してしまうことをとてもわかりやすい言葉で伝えている。

ビジネス・スキームと考え方を共有する仕組み

次に続くのが、社会課題に向き合い、その解決を本業の立場から取り組んでいる複数の担当者による座談会だ。繊維カンパニーからプレオーガニックコットンプログラムの担当者、エネルギー・化学品カンパニーからリチウムイオン電池事業の担当者、機械カンパニーからはインドネシアにおける地熱発電事業の担当者が参加している。それぞれが最初に語るテーマは「社会貢献と収益性を両立させる難しさ」についてだ。現場での社会課題の発見から自社の強みをいかしたビジネス化への流れを示すことでその両立が可能となることを示している。もう一方で「社会貢献とはそもそも何か」についても語っている。

以下、座談会の発言から引用する。「我々は『よいこと』をしているように思っているけれども、それが独りよがりになっていないかということを常に我々自身に問い続ける必要があります。自己矛盾を感じる課題もあるかと思いますが、外部からの意見や評価が方向性を示してくれることもあるのではないでしょうか」

この座談会は、ＣＳＲ案件を単にビジネス・スキーム（仕組み）として紹介するばかりではなく、その背景にある、これを担った人の考え方を共有することを目的としている。

次に「ビジネスと人権について考えよう」というコラムがある。事業創造ばかりではなく、リスク・マネジメントの視点から社会課題とビジネスの関係をわかりやすく伝えている。そもそも「人権」とは何か。なぜ、人権を考えなければならないのか。国境を越えた活動をしている商社にとって何が重要なのか。国際的なさまざまな動きやそこで合意された規範を紹介するとともに、ビジネスの現場で起きがちな具体例を使って、社員が当事者として考えるよう仕向けている。

このコラムはイントラネットの確認テストとも連動していて、単なる読み物ではなく、社員の能動的なアクションを求めているのも特徴だ。対象者が回答する確認テスト（前述のアンケートと連動）は日本語、英語、中国語で実施され、回答率九六・五パーセントという徹底されたものとなっている。

CSRアクションプランをカンパニー単位で策定・実行

伊藤忠のCSRの推進体制は、PDCAサイクルを各現場に要求しながらも、定量化までは求めない、ある意味「緩い」マネジメントに徹している（図14）。

まず、海外を含むすべてのカンパニー（繊維、機械、金属、エネルギー・化学品、食料、

図14　伊藤忠商事のCSR推進体制

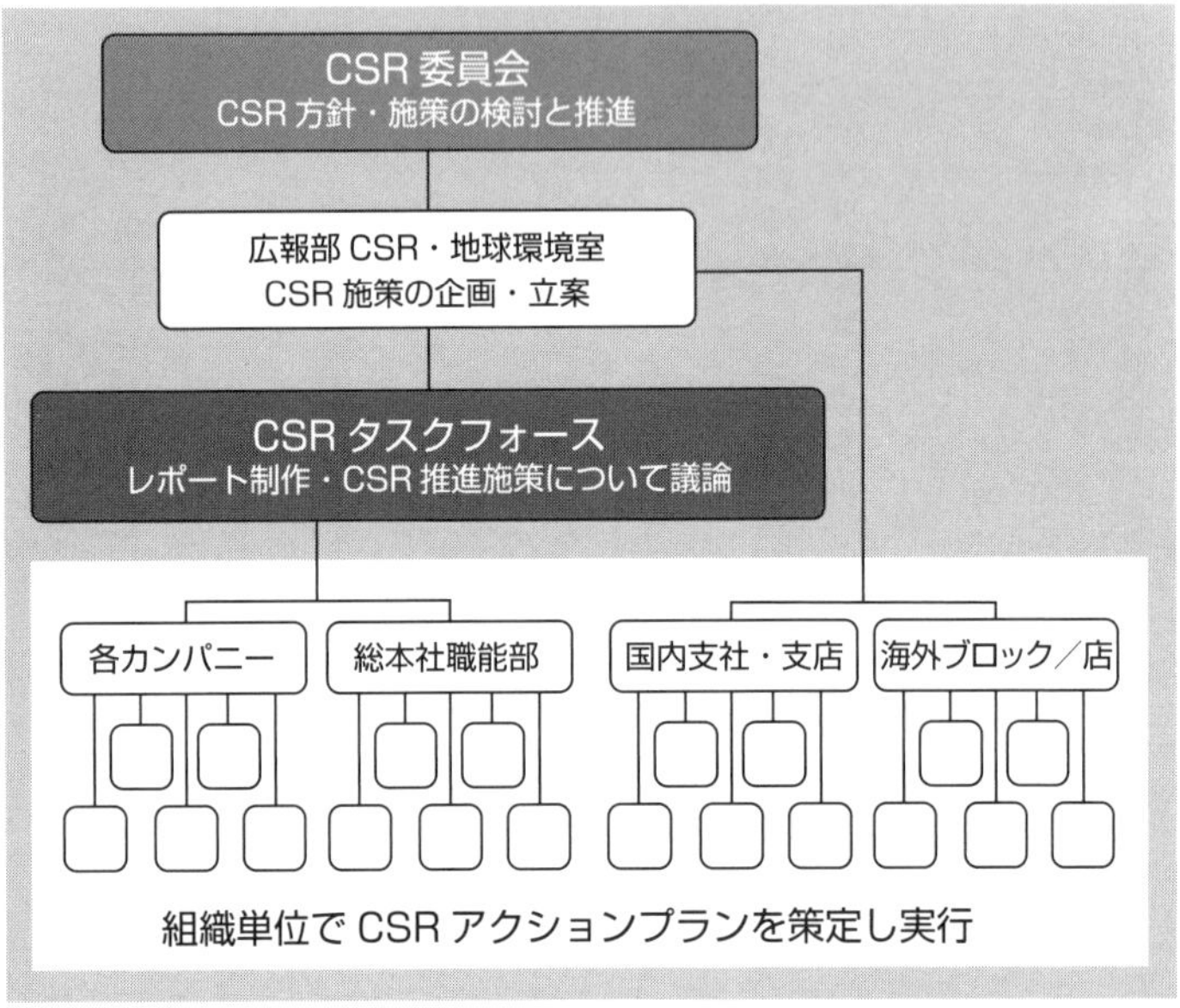

出所：同社ウェブサイト

住生活・情報）に対し、CSRアクションプランの策定を要求する。カンパニー組織の下にある各部門が、それぞれのCSR課題や社会課題を明らかにした上で年度計画を書くのである。その計画による実績を明らかにし自己評価した後、さらに次年度の計画をつくる。

各カンパニーで策定された計画は、カンパニープレジデントによる中長期成長戦略の説明とともにホームページやCSRレポートにおいて公表し、それぞれが「やらねばならない」状況に追い込んでいる。商社という分散型の組織だからこそのやり方だが、ここにも現場を重んじたマネジメントがあると見ることもできる。

社会課題が事業領域と重なるリスク

商社は国境を越えたビジネスを扱うため、発生する社会課題そのものが、自社の事業領域におけるリスクとなる危険性を有している（図15）。

たとえばサプライチェーンの原材料調達や生産プロセスの中では「児童労働」など生産地の人権保護がないがしろにされるケースが懸念される。自社としてどんなに注意していたとしても、ビジネスパートナーのそうしたケースに対する配慮が十分でなければ、購入者である自社の責任は免れない。

図15　商社の事業領域とリスク

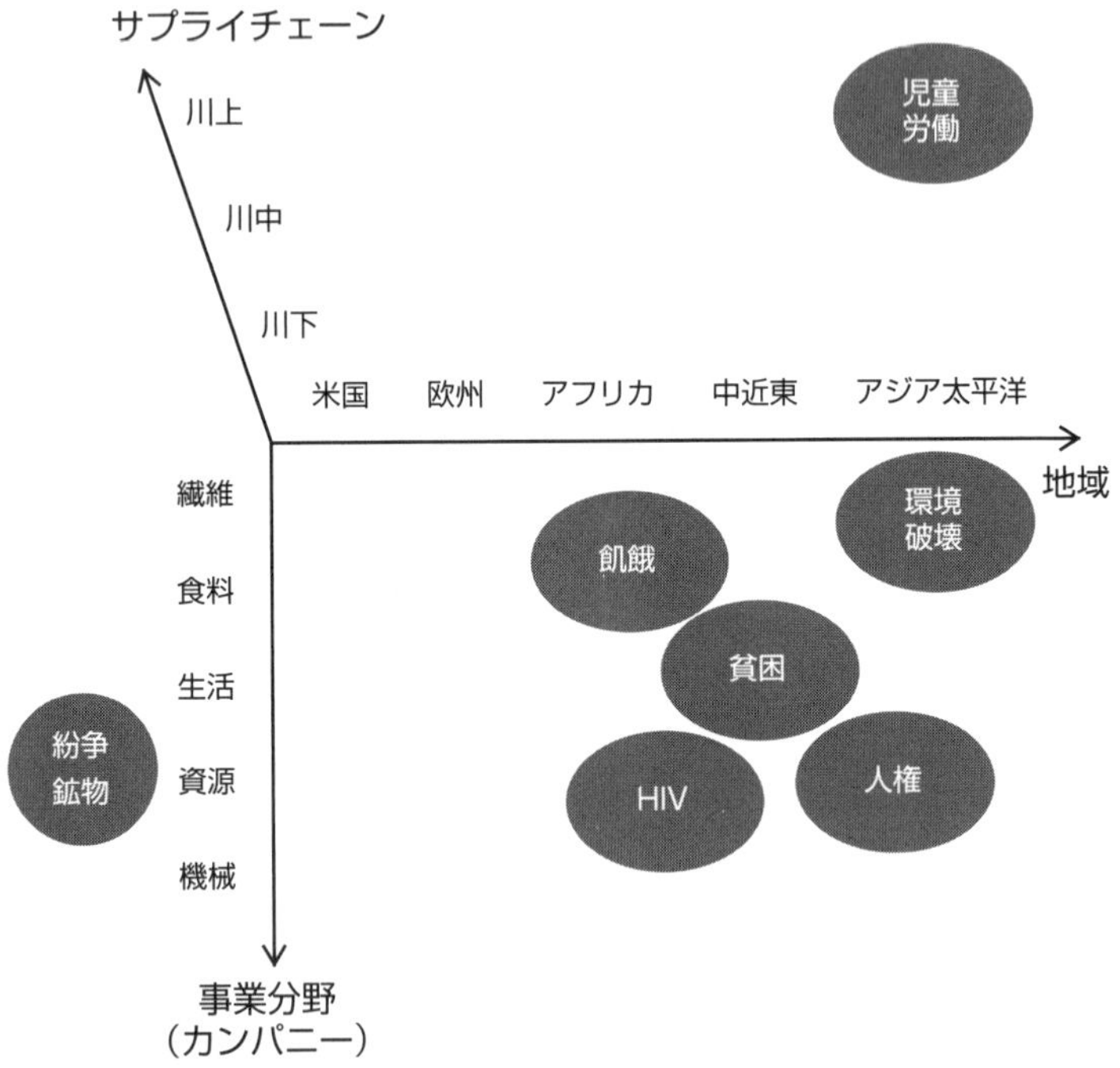

出所：同社資料

資源分野では「紛争鉱物」という社会課題に直面することも多い。「紛争鉱物」とは、重大な人権侵害を引き起こす内戦や紛争、武装勢力や反政府組織の資金源となるような鉱物のことである。現在米国は、金融規制改革法（ドッド・フランク法、二〇一〇年）によって、米国で上場している企業のうち、コンゴ民主共和国（旧ザイール）及びその周辺国で産出される鉱物（タンタル、スズ、金、タングステン等）を必要とする企業に対し、当該鉱物の購入・使用が武装勢力の資金源となり紛争地域での人権侵害に寄与していないことを確認するため、米証券取引委員会に対し、その使用状況にかんする情報を開示することを義務づけている。

タンタルは携帯電話、カメラレンズ、インクジェットプリンタ、PC、テレビ、ジェットエンジン等に使われているし、スズは食品・エアゾール等の缶、ハンダ、メッキ、台所用品、集積回路等に、タングステンは白熱電球、エックス線管、集積回路、放熱板等に使われていて、最終製品を見れば、どれも私たちの生活のごく近くにあるものばかりだ。

コンゴの人権侵害はきわめて深刻だ。天然資源に恵まれた国であったがゆえに、紛争を呼び、貧困と人権侵害、深刻な感染症が広がってしまった。とくに女性に対する性暴力は深刻といわれる。ドッド・フランク法は、紛争鉱物にかんする企業の取引を直接的にも間接的にも規制することにより、重大な人権侵害等の根源となる武装勢力の拡大を絶つことを目的としたもので、法律からすれば、米国で上場していない日本企業はその対象とはならないが、法の趣旨からして、日本企業も、その取り組みが求められていることは言うまでもない。

紛争鉱物に限らず、「人権」の保護や「環境破壊」へのグローバル対応をどう展開するかは、企業にとってきわめて重要な問題だ。たとえば、資源の原産地における先住民の人権保護がある。元々、その場所に住んでいた先住民が、そこに何らかの資源があることによって、住む地域を奪取されてしまってきた例は過去の植民地同様、数知れない。この問題については、「先住民族の権利に関する国際連合宣言」が、二〇〇七年に国連総会で採択されている。国際法上の拘束力はないが、先住民が保有するさまざまな権利（文化の保全等も含む）を保護するとの社会的合意は存在している。これに対する企業の対応はどうか、社会は見ているのだ。

だれの・何の権利を守るのか

たとえば、前述の社内報コラム「ビジネスと人権について考えよう」で示された同社の仮想事例を使って示してみよう。
仮想事例：「ABC社は、新たな資源開発事業をパートナー企業と共同で開始、現地地方政府からの協力も得ていた。が、実際に始めてみると、その地域に古くから居住している先住民を含む地域住民が抗議に殺到したので、やむをえず、契約している警備会社に警備を依頼した。その一方で、対話の場を設定し地域住民の代表者に事情を聴いてみると、本事業について何も知らされていないとのことだった」

これに対する問い：「この仮想事例において、問題となったのは『誰の』『どの権利』でしょうか。自社のバリューチェーン上で考えてみましょう」

答えは以下のとおりだ。

「ここでは近隣に住む『住民』の『土地や資源開発に合意を求められる権利』が侵害されていることになる。また独自の歴史や文化を持っている先住民については、特別な配慮がなされなければならない。大規模な開発を行う場合は、事前に地域住民と対話を実施し、事業への合意を得る努力が必要である。また警備会社を雇う必要がある場合は、警備員の武器使用が住民の人権侵害につながらないように方針を策定することが求められている」

事例に対する解釈はいろいろあるかもしれないが、「人権」の総論ではなく、個々の状況に応じた対応が求められることを理解することが重要だ。

自社のビジネスが地域の貧困や飢餓や環境破壊を拡大させることはあってはならないことだし、それらを放置したままでは、自社ビジネスの持続性も発展性も疑わしい。とくに新興国における商社ビジネスは食料や資源等、時間をかけて、投資した資金を回収するものが多い。だからこそ、同社はこうした社会課題をリスク・マネジメント面からはもちろん、事態を改善する方向そのものから取り組んでいるのだ。

食料カンパニーにおけるアフリカ農業支援への取り組みはその一つだ。世界トップレベルの研究開発技術を有する日本の食品加工メーカーと組んで、モザンビークでの小規模農家を対象にした農業開発プロジェクトを展開している。特に製品への加工適性の高い種子の開発を日本とモザンビークで展開しており、できた農産品にプレミアムをつけて購入できるスキームを構築中だ。この地域での農家の生活レベルを改善させるとともに、日本にとっても安定的な食料調達が可能となることを目指している。

行動指針をつくり、取引先まで実態調査

サプライチェーン上にもさまざまな社会課題にかかわるリスクが存在するが、これを回避するため、伊藤忠では「サプライチェーンCSR行動指針」を制定している。これは人権の尊重、児童労働・強制労働を行わない、雇用差別を行わない、不当な低賃金労働の防止、環境や生態系の保全、環境汚染の未然防止、公正な取引および腐敗防止等につき定めたもので、当該項目にかんする情報の開示を行うものである。

これに加え、同社では、高リスク国、取扱商品、金額などにおいて一定規模以上の取引があるといったガイドラインのもと、グループ会社や取引先（直接・間接）に対して「CSR

実態調査」を実施している。「サプライチェーンCSR行動指針」をグループ会社や取引先に示し、同社の考え方を伝えるとともに、指針に示した内容に対する理解と実践への協力を働きかけている。これらの調査はCSR担当部署が行うのではなく、各カンパニーの取引先と接する営業部門が直接訪問してヒアリングやアンケート等により実施している。

また、人権、労働、環境をカバーする共通の一〇項目に加え、各カンパニーの特性に応じたチェック項目を追加し、より実態に合わせた対応を進めている。たとえば、生活資材部門（木材・紙パルプ）では森林保全のチェック項目、食料カンパニーでは食品安全にかかわる項目、繊維カンパニーでは知的所有権保護の項目等を追加している。

こうした調査は毎年行われており、二〇一二年では四三〇社の調査を行った。これらのプロセスの繰り返しを通じ、取引先への浸透はもちろんのこと、社会課題をリスク・マネジメントの立場から自社社員も同時に理解していくというプロセスが構築されている。

CSR部署がM&A案件の中心で活躍

二〇一一年三月に一ドル＝七六円二五銭を付けた一連の円高局面においては、多くの企業が対外投資を積極化した。拠点の整備等も進んだが、M&Aによる買収も盛んとなった。この流れは伊藤忠も例外ではない。こうしたプロセスで重視されたのが社会課題にかんするリスク・マネジメントだ。

M&Aの目的はさまざまあり、市場シェアの獲得、新しい事業機会の獲得、販売・生産・開発等の事業拠点の獲得、人的リソースの獲得等、企業が次なる発展を目指す一つの方法であり、巨額の資金によって「時間を買う」ことも含め、いわば外科的に組織を拡大させる手段だ。一方、新しい組織を追加的に自社に組み込むこととなるため、従来の企業経営では考えられなかったリスクを抱える場合もある。しばしば言われる社風の違いもその一つだが、社会課題をめぐるリスクの顕在化も重大な問題だ。

M&Aは、その合意前に、投資家が投資対象にかんして専門家による財産価値などの調査を行う「デューデリジェンス」を実施するのが通例だ。保有資産の評価は適正か、財務上の粉飾は行われていないか、訴訟等の紛争に巻き込まれていないか、といった伝統的デューデリジェンスは、財務の専門家である会計士や、弁護士等の法務の専門家が担ってきた。

近年のM&A案件では、従来の項目だけでは予見できないリスクに備え、新しい分野のデューデリジェンスが行われるようになってきており、これをCSR担当部門が推奨するようになってきている。それは環境分野や人権分野にかんするデューデリジェンスである。

社会課題の一つである「環境」や「人権」等については、前述したとおり、そのリスクの大きさが重要視されるようになってきている。優れた技術を有する企業だからと買収してみ

郵便はがき

おそれいりますが
50円切手を
お貼りください。

1028641

東京都千代田区平河町2-16-1
平河町森タワー13階

プレジデント社
書籍編集部 行

フリガナ		生年（西暦） 年	
氏　名		男・女	歳
住　所	〒 TEL　（　　）		
メールアドレス			
職業または学校名			

ご記入いただいた個人情報につきましては、アンケート集計、事務連絡や弊社サービスに関するお知らせに利用させていただきます。法令に基づく場合を除き、ご本人の同意を得ることなく他に利用または提供することはありません。個人情報の開示・訂正・削除等についてはお客様相談窓口までお問い合わせください。以上にご同意の上、ご送付ください。
＜お客様相談窓口＞経営企画本部 TEL03-3237-3731
株式会社プレジデント社　個人情報保護管理者　経営企画本部長

この度はご購読ありがとうございます。アンケートにご協力ください。

本のタイトル

●ご購入のきっかけは何ですか?(○をお付けください。複数回答可)

1 タイトル　2 著者　3 内容・テーマ　4 帯のコピー
5 デザイン　6 人の勧め　7 インターネット
8 新聞・雑誌の広告(紙・誌名　)
9 新聞・雑誌の書評や記事(紙・誌名　)
10 その他(　)

●本書を購入した書店をお教えください。

書店名／　(所在地　)

●本書のご感想やご意見をお聞かせください。

●最近面白かった本、あるいは座右の一冊があればお教えください。

●今後お読みになりたいテーマや著者など、自由にお書きください。

どうもありがとうございました。

れば、原材料の原産地の環境対策がまったく手つかずであったとか、先住民への配慮がまったくされていないとか、製造工程から出る廃水を地域の河川に垂れ流しにしていたとか、中間部材を扱う取引先で児童労働が行われていたことを放置していた、などのことが起こり得る。

そうした社会課題にかかわる問題を見抜けないまま企業買収をしたのでは、投資した資金の回収がままならないばかりか、買収前にやっていたことの責任を買収後に自社が引き受けることにもなりかねない。そうした観点から、人権保護にかんする専門家や環境問題にかんする専門家を使った事前調査が不可欠になってきたのだ。

同社では、社会課題にかんするリスクに対して情報が不十分になりがちな事業部門に対して、CSR関連部門が積極的にかかわり、社外の専門家の登用も含め、「事業優先」へのブレーキ役を担っている。

社会課題の解決は本業そのものである。そこには二つの意味がある。現場に行き、現場で何に困っているのか、その声に耳を傾けることから伊藤忠のビジネスとCSRは始まる。それを担う人材の育成こそが重要であり、その考え方を広く浸透させていくことが会社の力そのものになると信じている。それと同時に、グローバル化が進むなか、社会課題そのものがリスクに転じることもよく承知している。会社全体として知見を集約させながら、リスク・

マネジメントとしてのＣＳＲへの取り組みも現場主導で積極的に進めているのだ。

キーワード解説

「人権」・「Human Rights」

「人権」という言葉を読んで、どんなことを思い浮かべるだろう。誰の・何の権利を守るのか、「人権」という言葉には実に多くの意味が込められている。

「人権」とは、世界中のすべての人（Human）が生まれながらに当然に持っているさまざまな権利（Rights）のことだ。Right(s)と複数形で記載されるように複数の権利の総体を表している。生きることそのものが脅かされないことはもちろん、生活水準、健康、教育、勤労、労働の条件、社会への参画、表現、思想、宗教等の多くの概念を含んでいる。

この「人権」「Human Rights」を、企業活動においてどうとらえるべきだろうか。会社が世界各地で活動するうえで、その地域の異なる価値観を理解し、尊重することは当然として、あらゆる「人権」に照らした対応が求められることは言うまでもない。

日本社会における「人権」に対する感度は国際比較してみると必ずしも高くない。そんな日本社会を背景とした日本の会社が国内と同じ感覚のままでは世界に出ていけない。「人権」・「Human Rights」とはどういうものか、きちんと考えられた行動が求められている。

case 3

グローバル型

最先端の対話に自ら飛び込み「社会課題」を特定世界標準のCSRを浸透させる

武田薬品工業

巨大化する製薬企業と二〇一〇年問題

武田薬品工業(以下、武田)は、キーとなるポストにグローバル人材を据え、社長兼COOが外国人であることにも表れているように、世界に伍する製薬企業となるため自社のグローバル化に取り組んでいる。武田の事例を通じて見えてくるのは、企業経営そのものがCSRといかにかかわっていくかである。

CSRは企業価値を高めるものと企業価値を守るものに二分できるが、武田ではこれをそれぞれ、企業価値の「創造」と「保全」と呼ぶ。つまりCSRをうまく進めれば、企業価値を高めることも可能になるし、さまざまな社会課題によってダメージを受けるかもしれないリスクを回避することも可能になるということだ。そのためには経営者も現場の担当者も、それぞれの視点をいかしてＣＳＲを「当事者として」担っていかなければならない。同社の取り組みには、企業経営や事業運営とＣＳＲの関係をより溶け込ませるために何をすべきなのかの多くの示唆が含まれている。

同社は日本の製薬業界では最大手企業だ。とはいえ、世界で見れば一六位（二〇一三年）、医薬品売上高で見れば、トップのファイザーの約三分の一の水準だ。一九九〇年代には国境を越えた企業の統合合併が行われ、世界を舞台に活動する製薬企業の巨大化が進んだ。二〇〇〇年代以降は、新薬開発を手掛ける研究開発型企業の買収等、九〇年代とはまた別の形で企業再編が進んでいる。

製薬業界が企業規模を拡大させている大きな理由は、多大な資源と時間を要する新薬の開発をしっかりと支えるためである。新薬の開発は成功確率が低いため、失敗のリスクをヘッジするには数多くの研究開発プロジェクトを同時に走らせる必要がある。また、個々の開発プロジェクトでは、データの収集や既存特許との関係性の検討、さらに基礎実験や治験で一定量以上のプロセスを経ることも求められており、その担い手となる研究員や資金も相当の規模を確保しなければならない。

そんな製薬業界において、多くの企業が抱えている課題に「二〇一〇年問題」があった。売上の大きい薬剤の多くが二〇一〇年前後に特許切れを迎え、従来の売上や利益が確保できなくなってしまうという問題のことだ。

特許が切れれば安価なジェネリック医薬品（後発医薬品）が市場に出てくる。ジェネリック医薬品は、患者から見れば、安く処方を受けられるし、対象となる症例を数多く経ているので、有効性や副作用がよく理解されている。また、各国の厳しい財政と拡大する医療需要を踏まえれば、社会的にもさらなる普及が求められる。しかし、製薬企業からすれば、市場にジェネリック医薬品ばかりが出回ると、次の新薬開発の原資が確保しにくくなるため開発が促進されず、医薬の進歩が実現しにくくなる危険性がある。

二〇一〇年問題を控えた九〇年代には、規模拡大を目指すタイプのM&Aに加え、専門性が高く、開発に特化した小さくともキラリと光る製薬企業の買収など、新薬開発のネタの確保を目的とした新しいタイプのM&Aを誘発することとなった。

こうした事情は武田も同じだ。抗潰瘍薬「タケプロン」をはじめとする、年間一〇〇〇億円以上の売上をもたらしてきた薬剤がいずれも二〇一〇年前後に特許切れを迎えることから、そのインパクトを最小限に抑えるため、新製品を早期に発売する必要があった。同社は二〇〇八年に米国・ミレニアム社を約〇・九兆円で、二〇一一年にスイス・ナイコメッド社を一・一兆円（金額・為替レートはいずれも経営統合当時の水準）かけて買収、統合した。

かつてのグローバルファーマの轍を踏まない

しかしグローバルな製薬会社（グローバルファーマ）の一員になったことに伴い、武田は新たな課題に直面するようになった。製薬業界には、グローバル化特有の課題があり、事実、社会課題との関係で一つの厳しい経験をしている。

二〇〇一年三月、南アフリカにおいて、欧米の大手製薬企業三九社が同国政府を訴える裁判を起こした。南ア政府がＨＩＶ／ＡＩＤＳ特許薬の安価な複製品を輸入・製造することを認める法律を作ったことに対する訴訟であった。製薬企業の主張は「南ア政府の主張が認められれば世界の特許をはじめとする知財システムそのものを侵すことになりかねない」というものだ。

一方、南ア政府は国際的なＮＧＯとともに「アフリカ諸国ではＨＩＶ感染者数／ＡＩＤＳ患者数が多く、また、家計はもちろん、国全体としても財政余力が乏しく、その治療のために多くの費用を賄うことができない。薬が高額になっている理由は特許によるライセンス料であり、これがなければ、多くの命を救うことが可能となる」と主張した。

結局、四月になって、三九社が訴えを取り下げた。製薬企業は人命よりもビジネスや利益優先だという認識が広がり、南アのみならず国際世論が製薬企業にとっては厳しいものとなった影響もあろう。個々の企業や業界からすればイメージ悪化は避けられないという判断もあったかもしれない。

前述したとおり、新薬の開発には巨額の資金が必要だ。市場に出すことができる新薬も決して多くはない。だからこそ、これを正当な価格で販売することができなければ、企業として存続はできず、次の新薬の準備に取り掛かることもできないという製薬企業の主張は、ある意味、正論とも言えよう。

しかし、当時の欧米の製薬企業と社会の間には、この問題の重要性に対する認識ギャップがあった。世界全体で見れば、ＨＩＶ感染者総数はいまだ拡大が続いている。増加傾向の抑制には成功しつつあるものの、劇的な減少には至っていない。ＨＩＶ感染者数はサハラ以南のアフリカ地域の割合が極めて大きく、しかも感染が拡大しているのは、一日二ドル以下で生活する人が人口の約七割を占めるような最貧困地域でもある。このような現実に加え、そもそも製薬企業の存在意義は医薬品の提供を通じて世界の人々の健康に貢献することであることを考えあわせると、あの時点での提訴という判断が妥当だったのか、評価は難しいところだ。

いずれにせよ「製薬企業が社会との関係をどう構築していくのか」という命題によって、製薬業界が企業の存在意義を問い直すことになったのはもちろん、社会との関係を構築し損ねると企業経営そのものにとっても大きなリスクになりうるという学びとなったことは間違いない。

そしてこのことは、グローバルファーマの一員となった武田にも重要な示唆を与えた。武田にとって社会と会社の関係を構築するCSRの一つの意味、つまり、企業価値の「保全」に資するCSRとは、他のグローバルファーマ同様、経営陣と現場が、社会課題にかんして、いかにしっかりとしたリスク・マネジメントの視点を持つかということなのだ。

グローバル企業会議に参加し、共通の社会課題を探る

武田では、そのミッションである「優れた医薬品の創出を通じて人々の健康と医療の未来に貢献する」こと、すなわち事業そのものがCSRの根幹に位置すると考え、すべてのバリューチェーンを通じて、社会のさまざまなステークホルダーに与える影響を事前によく認識した上で、「事業プロセス」をよりよいものにしていくことを重視している。同時に「企業市民」として、社会の持続可能性を高める活動に努めている。

では、「社会課題の解決への貢献」と「事業活動への貢献」の「統合」について、武田はどう進めているのだろうか。実はその進め方は他社にはあまり見られないユニークなものだ。

武田は、国連グローバル・コンパクトのＬＥＡＤプログラムや、ＣＳＲにかんする国際的な企業会員組織ＢＳＲ（Business for Social Responsibility）への参加、国際機関や国際ＮＧＯとの議論を通じて、まずグローバル企業に共通する課題の重要性を特定している（図16の①）。

次に、ＩＦＰＭＡ（国際製薬団体連合会）やＢＳＲのヘルスケアワーキンググループへの参加、「世界エイズ、結核、マラリア対策基金」やグローバルヘルスに関連する国際ＮＧＯとの議論を通して、グローバルファーマ共通の重要課題を特定する（図16の②）。この議論に参加することによって、他社の考えや行動を知ることで重要課題にかんする世界の潮流を理解することはもちろん、ＩＩＲＣ（国際統合報告評議会）などリーディングプロジェクトに参加して自ら積極的に発言することで、グローバル企業やグローバルファーマ相互の議論をリードすることが可能となる。

図16に示された①と②を踏まえ、武田はさらに自らの経営戦略や制約となる経営資源を踏まえ、自らが取り組むべき社会課題が何か、その特定を進めているのである。

以上のプロセスを経て同社が選んだ重要な課題領域は二つだ。一つは「Access to Healthcare」で、医薬事業及び企業市民活動を通じて、世界の人々の保健医療アクセスの向上を目指す、包括的な取り組みをしていくこと。もう一つは「バリューチェーン・マネジメント」で、バリューチェーンの各段階における社会課題を認識し、ＩＳＯ２６０００の中核

図16　重要課題（マテリアリティ）特定の3つのプロセス

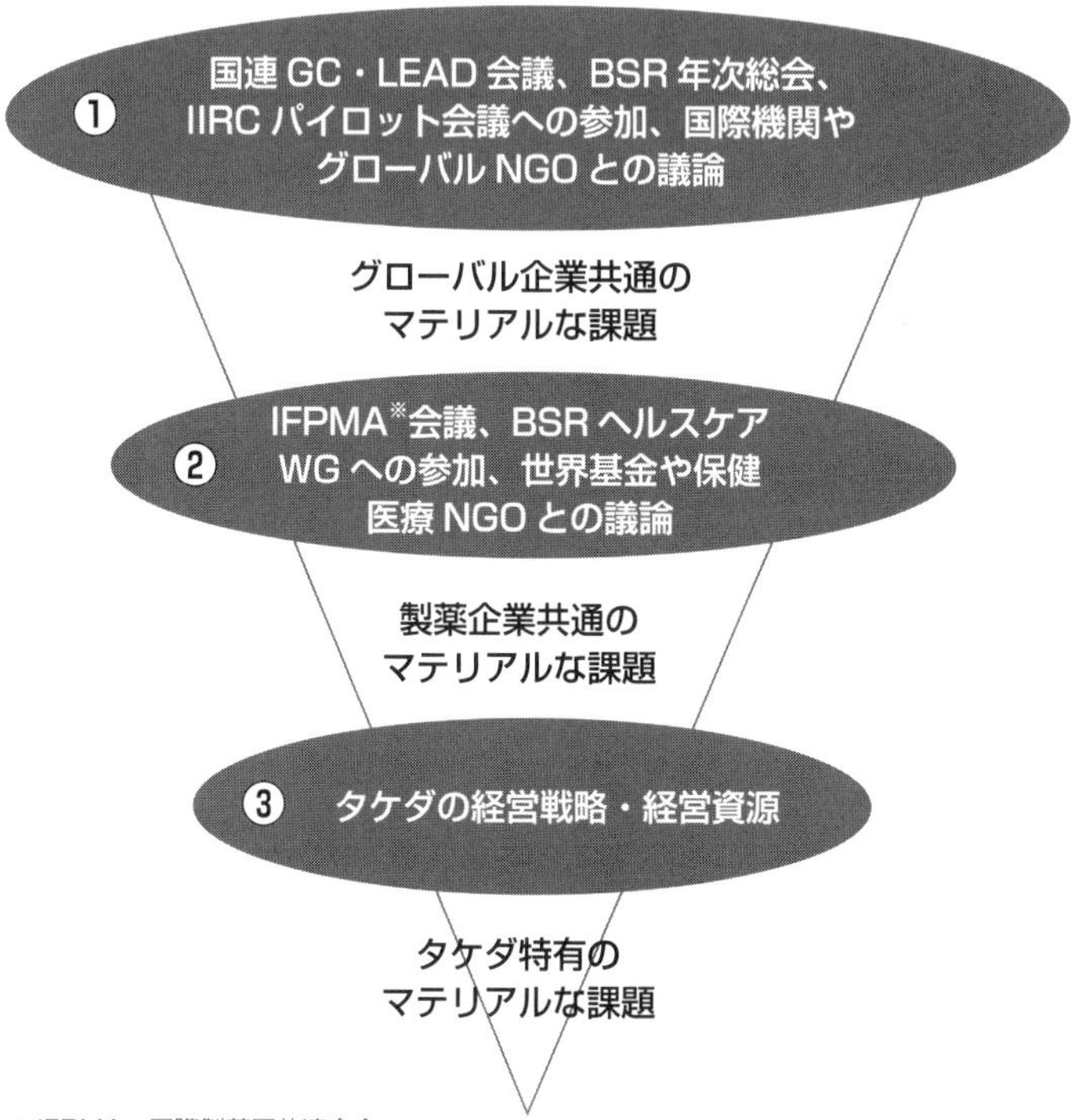

※IFPMA：国際製薬団体連合会

出所：同社アニュアルレポート2013

主題フレームワークをいかして、CSR活動を進めることにある。

その内容については後述するが、前者は本業そのものの価値を上げる（おもに企業価値の「創造」）とともに企業市民としての活動を指しており、後者は事業プロセスにおけるCSRの徹底（おもに企業価値の「保全」）を意味している。

損保ジャパンはステークホルダーとの対話、伊藤忠商事は社員に聞くボトムアップ、そして武田の場合は、グローバル企業やグローバルファーマ、さらには彼らとともに活動する市民セクターとの対話を繰り返すことによって、自らが社会の中で何をしていくべきなのか、社会と会社の関係はどうあるべきか、社会の要請と自社事業活動の「統合」を検討している。そのことが自社の存在意義を高めることやリスク・マネジメントにもつながっているのである。

対話を求めて世界各地を駆け回るCSR担当者の負担は大きいかもしれないが、これは武田にとってはもっとも効果的・効率的な方法である（図17）。かつてグローバルファーマが南アフリカで経験したように、社会との関係構築を誤ることは企業経営そのものをリスクにさらすことにつながる。社会的課題は幅が広く、どの国や地域で起きるか、場所も時期もなかなか予見しがたいため、そうした社会の変化をカバーするには一社の力では限界がある。だとすれば、社会の半歩先を見ている国際NGOや他のグローバルファーマとともに次なる課題を考え、注意深く見ておくことこそが、同社のような立場に置かれた企業にはもっとも

図17　重要課題を特定するプロセスとして武田薬品工業が参加した国際会議（2012年6月から2013年6月まで）

2012年9月:ロンドン
BSRヘルスケアワーキンググループ会議にて、保健医療アクセス問題を討議
2013年6月:フランクフルト
IIRCパイロット・プログラム会議にて、統合報告の方向性を確認
2013年5月:ボストン
グローバル・シェアードバリュー・リーダーシップサミットに参加し、CSV（共有価値の創造）とCSRの関係性を整理
London
Frankfurt am Main
Brussels
Seoul
Bangkok
Boston
New York
Rio de Janeiro
2012年9月:ソウル
国連GC日中韓ラウンドテーブルにて、LEADプログラム企業としての活動を紹介
2012年11月:ニューヨーク
LEADシンポジウムにて、ポスト2015について議論
2012年11月:ブリュッセル
CSRヨーロッパのエンタープライズ2020サミットにて、欧州のCSR動向を確認
2012年7月:バンコク
世界基金のビジネスフォーラムにて、タケダのCSR活動を紹介
2012年6月:リオ・デ・ジャネイロ
国連持続可能な開発会議（リオ＋20）国連GCコーポレート・サステナビリティ・フォーラムに参加し、CSRの方向性を確認

出所：同社アニュアルレポート2013

合理的な判断なのだ。

社会課題に伴うリスク・クライシス事例を経営層や現場に共有

社会課題の抽出や特定のプロセスにおいて、武田がとくに力を入れているのは、社会とのかかわりにおいて起きてしまったリスク・クライシス事例を集めることだ。

南アフリカでのエイズ訴訟に限らず、製薬企業は社会とのかかわりにおいてつねに新しいリスクに直面する。科学技術の最先端、生命倫理の境界線で活動していることによって、新たな社会課題を生むこともありうる。

また、環境保全に対するハードルも上がっている。たとえば、薬剤を服用した人の排泄物に残留する化学物質が、河川や海に与える影響はどうなるのか、ひいては人や生物に与える影響はどうかというような、従来はあまり採り上げられなかった課題が注目されるようになるかもしれない。優れた薬剤で患者の健康を回復・改善することだけ考えていればよい時代ではなくなりつつあるのだ。

そもそもグローバルに活動することによる「地雷」もたくさんある。それぞれの国や地域が有してきた価値観を尊重するというのはどういうことなのか、日本だけで活動してきた人にはなかなか理解できないことも多いなか、企業価値を「保全」するため、経営者も現場も

図18
CSR担当部署が取り組んだリスク・クライシス事例の現場への共有

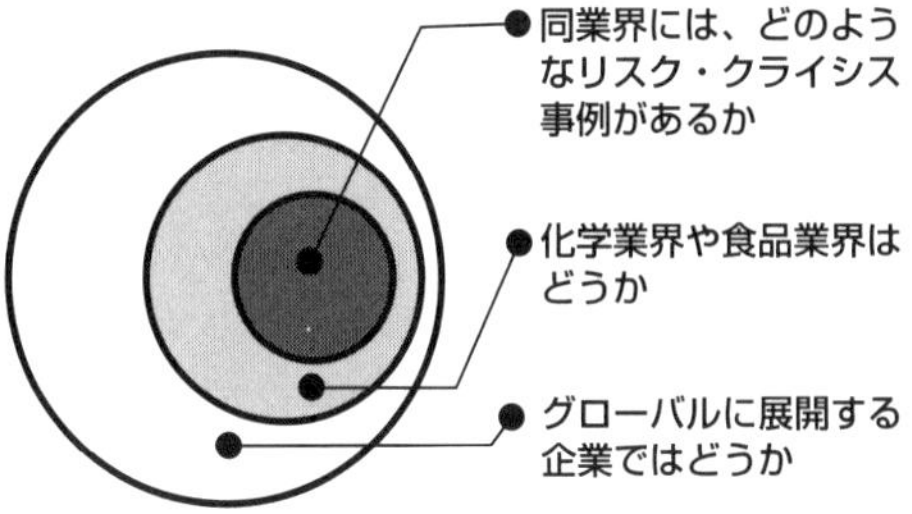
同業界には、どのようなリスク・クライシス事例があるか
化学業界や食品業界はどうか
グローバルに展開する企業ではどうか

当事者感覚で社会課題をとらえ、考え、行動しなければならない。

そのためにCSR担当部署は、グローバルに展開している企業では社会課題との関係でどんなリスクがあるのか、類似業種である化学業界や食品業界ではどうか、そして、グローバルに展開する製薬企業ではどうか、といったリスク・クライシス情報を収集し、関係各部門に情報提供を行っている（図18）。

その結果、経営陣も、関係部門も、リスクを当事者として考えることができるようになった。CSR担当部署の地道な情報提供によって、経営レベルでも、現場レベルでも社会と会社の関係を当事者として考える素地づくりが進んでいる。

国際的なガイドラインを用い、枠組みからCSR経営を再構築

武田は社会課題解決への貢献と自社事業活動の「統合」はもちろん、CSRのさまざまなプロセスにおいて、国際的なガイドラインをうまく使っている。

尊重すべき原則には国連グローバル・コンパクトを、検討・実践においてはISO26000、開示においてはGRI（Global Reporting Initiative）とIIRC、対話においてはAA1000（英国・アカウンタビリティ社が発行した説明責任にかんするガイドライン）を使って、第三者にもわかりやすいプロセスにしているのだ（図19）。

世界のスタンダードを使うよりも、自社独自の基準にこだわる企業もあろうが、グローバル・コンパクトにせよISO26000にせよ、ガイドラインというものには、その策定過程において世界中のさまざまなステークホルダーによる議論の積み上げによって得られた知見が反映されている。

同社は、それらの知見を積極的にいかしており、「公共財」のいかし方としてはうまいやり方といえよう。また、これを可能とするには、CSR担当部署や担当者がこれらのガイドライン等にかんする知見を深く理解していることが不可欠なことは言うまでもない。

図19　武田のCSR活動の参照規範

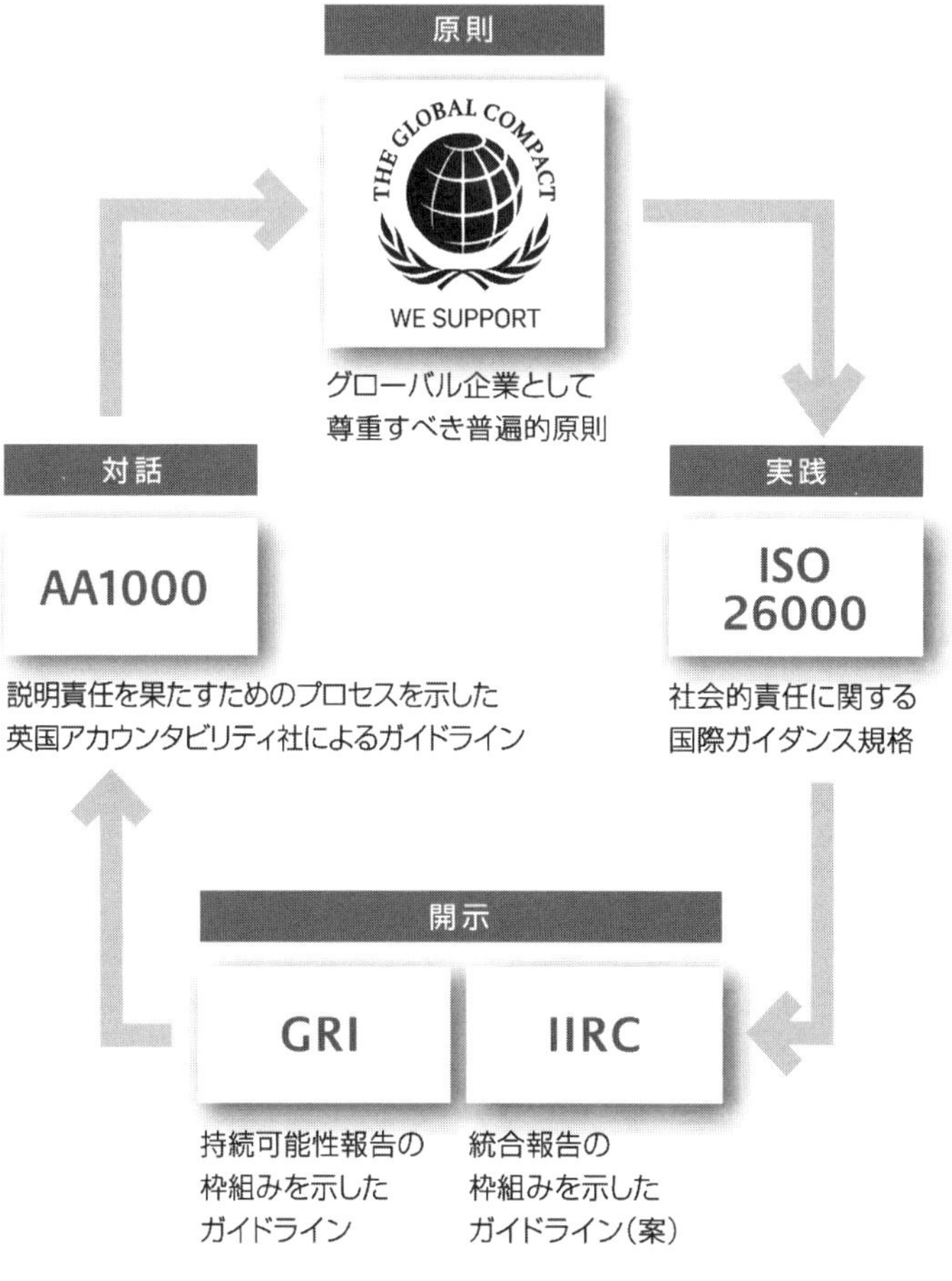

出所：同社アニュアルレポート2013

バリューチェーンごとの課題の明示・開示

武田がガイドラインをうまく活用した例として、バリューチェーンへの社会課題の落とし込みがある。社会課題を網羅的に考えるのは難しいが、ＩＳＯ２６０００の「中核主題」を自社のバリューチェーンに落とし込むことによって、企業価値の「創造」と「保全」、双方の立場から、自社が社会に対して何をすべきなのかを整理している（図20）。

繰り返し書いてきたようにＩＳＯ２６０００は組織の社会的責任、つまり、組織活動が社会及び環境に及ぼす影響に対して担う責任にかんするガイドラインだ。その中ではＩＳＯ２６０００は七つの中核主題を使い、「人権」課題を明らかにしている。武田のアプローチを見てみよう。

研究、開発（臨床試験を含む）、調達、生産、物流、販売、それぞれのバリューチェーンにおいて、どのような人権にかんする課題がありうるのか、具体的に示すことを通じて、それぞれの部門が人権課題をきちんと認識するように仕向けている。

そうした課題認識を踏まえて、それぞれの部門、たとえば、研究部門においては、生命の尊厳および人権を尊重するポリシー・規約を体系づけ、研究活動を推進している。具体的には、ヒト由来の試料（血液、組織、細胞等）の使用については研究倫理審査委員会を設置し、その可否を審査する等、それぞれの課題に対応した実践が進められている。

図20　バリューチェーンごとの「人権」課題の明示・開示

研究

中核主題「人権」
- 難病·希少疾患等の治療薬の研究·開発
- ヒトゲノム研究における試料提供者の人権問題
- ES細胞研究における生命倫理問題
- クローン研究における生命倫理問題

中核主題「環境」
- 地域住民の方の健康への影響にかんする情報開示

中核主題「公正な事業慣行」
- 生物遺伝資源に対する権利の問題

↓

開発（臨床試験）

中核主題「人権」
- 被験者の人権（臨床試験の安全性、インフォームド·コンセント、プライバシー等）
- 難病·希少疾患等の治療薬の研究·開発
- ヒトゲノム研究における試料提供者の人権問題

中核主題「公正な事業慣行」
- 患者さんの健康を第一に考えた医療関係者との適切な関係の維持

↓

調達

中核主題「環境」
- 地域住民の方の健康への影響

中核主題「公正な事業慣行」
- 新興国·途上国のサプライヤーにおける労働にかんする人権問題

中核主題「消費者課題」
- 偽造品·異物混入による患者さんの健康問題

↓

生産

中核主題「環境」
- 地域住民の方の健康への影響

中核主題「公正な事業慣行」
- 新興国·途上国における労働にかんする人権問題

中核主題「消費者課題」
- 偽造品·異物混入による患者さんの健康問題

↓

物流

中核主題「消費者課題」
- 偽造医薬品の流通による患者さんの健康問題

↓

販売

中核主題「公正な事業慣行」
- 患者さんの健康を第一に考えた医療関係者との適切な関係の維持

中核主題「消費者課題」
- 医療品情報の虚偽·隠蔽による患者さんの健康問題

同社CSRデータブックより作成

調達・生産・物流といったサプライチェーン全体における課題に対しては、「グローバル購買方針」および「CSR購買ガイドライン」を定め、すべての人の人格を尊重し、国籍、人種、民族、信条、宗教、性別、年齢、障がい、疾病、社会的身分による不当な差別、その他差別的取り扱いや嫌がらせを行わないなどの人権の尊重、差別の撤廃を自らに課すとともに、サプライヤーにも期待事項として明示し、その改善に努めている。

重要なことは、そもそも、自分たちが何を課題として認識し、その課題解決のためにどんな行動をとるのがよいか、あらかじめ検討することにある。総論でも指摘したが、東京財団のCSR企業調査やインタビューを通じて見えてきたのは、多くの企業の「人権」課題に対する行動は、従来型の従業員向け研修等の実施という限られたアクションにとどまっている点だ。

武田のように、自らのバリューチェーンに落とし込むことによって、はじめて課題を社会に開いた形で認識することができるようになる。

感染症予防に貢献するワクチン事業を強化

企業価値の「創造」の観点から、武田がCSRの重点課題に採り上げているのが「Access to Healthcare」であり、「バリューチェーン・マネジメント」だ。すでに後者は前述したので、ここでは「Access to Healthcare」を紹介する。

「Access to Healthcare」とは世界の人々の保健医療アクセスの向上を目指す、包括的な取り組みのことだ。その一つに、「アンメット・メディカルニーズ」への対応がある。いまだに満たされていない医療ニーズや、いまだ有効な治療方法がない医療ニーズを探索する活動だ。たとえば、途上国において、予防や治療方法が存在するのに経済事情によってそれが浸透していない問題への対応のことを、また先進国では、新しい予防や治療方法がまだ開発されていないことに対する対応を指す。

世界にはワクチンによって予防できるような感染症で死亡する人がまだまだ多くいる。そこで武田は、二〇二〇年までに世界のトップワクチン企業の一つになるため、主要な市場においで公衆衛生上の優先度が高いワクチンを対象に、研究開発から承認・販売に至るまでのパイプラインの拡充と開発に取り組んでいる。

その際、自らの研究開発への投資によってパイプラインを拡充していくのはもちろん、有望なパイプラインを有する企業をM&Aによって取得することもある。武田はノロウイルスワクチンの研究開発を進める米国・リゴサイト社を二〇一二年一〇月に買収した。リゴサイト社は独自のウイルス様粒子技術に基づく、新規ワクチンの開発に特化するバイオ企業である。先進国では、ノロウイルスは胃腸炎・食中毒の最大の原因で年二一〇〇万人の感染者が発生、途上国では年二〇万人もの死亡原因となっている。

また、同社は、デング熱ワクチンと手足口病ワクチンの研究開発を進める米国・インビラージェン社も二〇一三年五月に買収し、パイプラインの充実を図っている。途上国では、デング熱は蚊を媒介とするウイルス感染症で最も深刻な疾病の一つであり、世界中で年四億人が感染、一億人が発症しているにもかかわらず、現在有効な治療法はなく、そのワクチンはWHOによって優先的に開発すべき四つのワクチンの一つに位置づけられている。

武田は、社会のニーズを踏まえ、自社のリソースを「ワクチン」に重点配分することを宣言、これを実行する手段としてM&Aを使ってパイプラインを充実させてきた。社会と会社の関係を徹底して考えることを通じて、社会における自社の存在意義を見出し、本業そのものの価値を上げていく。これも企業価値を「創造」するCSRである。

タケダイズムをベースにした震災復興支援

武田の企業経営は、潤沢な資金を使って企業買収を繰り返す投資銀行的な行動が目立つようにも思える。しかし、忘れてはならないのは、自社の存在意義を見出し、リスク・マネジメントを徹底するため、言い方を変えれば、自社の企業価値の「創造」と「保全」の双方から、社会と会社の関係を徹底して考え、行動するよう、あらゆる場面において仕向けている

図21　タケダイズム

出所：同社資料

ことにあり、また、そのための仕掛けを準備していることにある。

また、もう一つ重要なのは、タケダイズムという長年続いた経営哲学を、役員や従業員にとっての価値判断のモノサシとして、あらゆる面で徹底していることにある（図21）。

タケダイズムの中心には「誠実」、すなわち「公正」「正直」「不屈」がある。さらにその周囲に「ダイバーシティ」「チームワーク」「コミットメント」「透明性」「情熱」「イノベーション」がある。武田の社員は、いかなる場面においても、つねに誠実であることを旨とする。誠実とは、何事にも高い倫理観をもって、公正、正直に取り組む基本姿勢と、より良き姿を追求し続ける不屈の精神をいう。それらをコアにして、日々の業務における行動は「ダイバーシティ」「チームワーク」「コミットメント」「透明性」「情熱」「イノベーション」に努めるというものだ。

誠実を核とした考え方、哲学は東日本大震災の復興支援にも見ることができる。武田は東日本大震災の復興支援を「日本ＮＰＯセンター」とともに進め、一つはＮＰＯ等への助成、もう一つは自主・連携事業を実施してきた。助成の対象は被災地の現場で復興の担い手となるＮＰＯや任意団体、一般社団法人であり、そこにいる人材である。

社会的に弱い立場にある被災者（子ども、高齢者、病人、障がい者、災害遺児・遺族、経済的困窮者等）が尊厳をもって生きていけるよう、その人権を尊重し、日常生活を支援し、保健・医療・福祉の充実を図る活動（いのちの再生）、そして、被災した人が生きがいのある暮らしを回復できるよう、生活の場・仕事の場を再建し、生活基盤を整備する活動（くらしの再生）に取り組んでいる。期間は震災復興にかかる期間を一〇年と考え、二〇二〇年まで支援活動を続ける。

武田らしさがより表れているのは二つ目の自主・連携事業だ。武田は震災支援において人材に着目した。対象は、①被災地支援に取り組む団体間のネットワークと情報受発信事業（東日本大震災支援全国ネットワーク）、②東日本大震災における民間支援の軌跡と動向分析（日本ＮＰＯ学会）、③東北三県における被災障がい者支援及びそこから波及するサービス（被災地障がい者センター）、④震災遺族への総合支援事業（特定非営利活動法人「自殺対策支援センター・ライフリンク」)、⑤被災地支援制度の内容と活用方法の情報提供事業および被災地支援制度の課題の改善を政府に提案する活動(特定非営利活動法人「シーズ・市民活動を支える制度をつくる会」)と五つにもわたっている。

共通するのは、被災地の復興を支えるネットワークとつながっていることだ。民間支援のあり方を改めて振り返り、今後の方向性を明らかにするなど、担い手相互の情報交換をスムーズにするための基盤整備に注力した。それも基盤といってもインフラをつくるのではなく、現地で活動する人材そのものを支援していることが特徴的だ。

「人」を中心に考える姿勢は、復興支援に限らず、武田のCSRの特徴ともいえる。企業価値の「創造」と「保全」を実現するCSRは、それを担う人そのものによって左右される。「CSRとは何か」「本業との関係はいかにあるべきか」、多くの会社で聞かれる問いだが、武田の取り組みは、そうした問いに対する一つの答えとなろう。

case 4

戦略型

ブランド戦略と一体化「社会課題」の解決が企業価値を高める

キリン

成熟した市場で支持されるブランドとは何か

日本国内の飲料市場は厳しい競争にさらされている。少子高齢化による市場全体の縮小に加え、若者のアルコール離れが進んでいる。家庭ではいわゆる「第三のビール」が浸透し、価格競争は激化している。また、酒販の形態も、旧来の「酒屋さん」による販売から大手量販店へのシフトが進んでいる。こうした状況は清涼飲料でも同様で、低価格化の流れはますます進んでいる。

消費者としては歓迎すべきことかもしれないが、企業にとっては厳しい状況だ。成熟化した市場で戦うには、持続的な成長をいかに達成するかが重要だ。食品業界をグローバルに見れば、ネスレやユニリーバ等はCSRを積極的に取り入れ、経営戦略の中核に位置づけてい

図22　キリングループの事業（2013年1月）

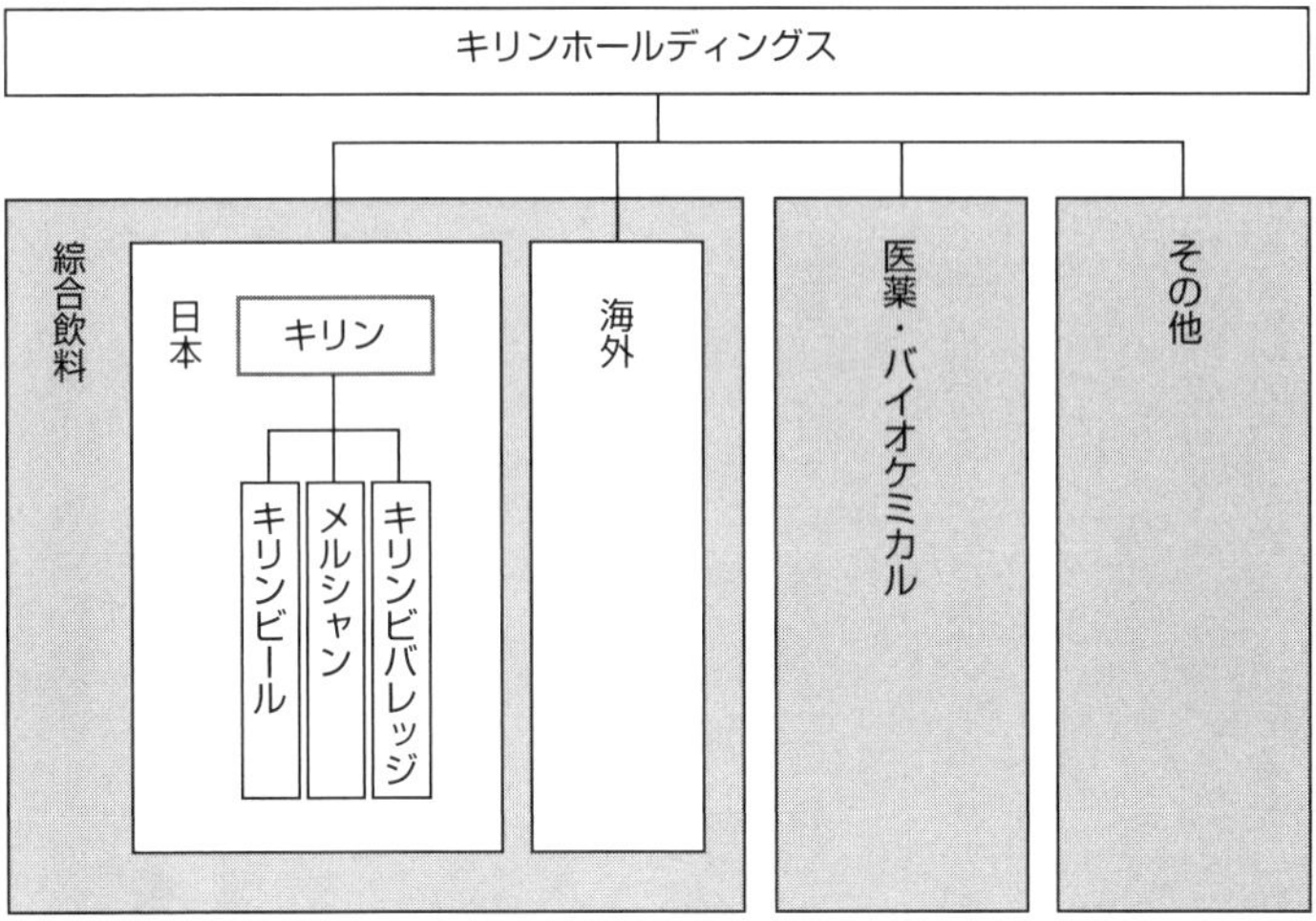

出所：同社資料

る。

キリングループの国内綜合飲料事業会社であるキリン株式会社（以下、キリン）は、そうした先進企業から学び、自社が何をすべきかを明らかにした（図22）。その答えの一つが「事業再編」であり、もう一つが「ブランドを基軸にした経営」への転換だ。

キリンは従来のCSR（企業の社会的責任）をCSV（Creating Shared Value）に進化させると位置づけ、社会課題の解決と自社事業活動の両立を目指している。CSVとはハーバード大学のマイケル・ポーター教授が提唱するもので、社会と企業にとっての共通価値の創造こそが企業の競争戦略としても必要という考え方に基づく。

通常、消費者はいま自分が使っている日常

の商品が、世界とつながっているとはなかなか考えない。たとえば、それをつくる過程で世界のどこかの生態系に影響を与えているかもしれないなどとは想像がつかないものだ。

けれども、企業が自らの事業活動と密接にかかわる社会課題を認識し、その解決に向かって自社が取り組んでいるということを顧客に訴えれば、顧客はその社会課題の存在に気づくし、解決に向けた企業の取り組みに共感を覚えるだろう。

キリンは、コンプライアンスとして「人権・労働」「公正な事業慣行」、サステナビリティとして「食の安全・安心」「環境」、キリンならではのテーマとして「人や社会のつながりの強化」「健康の増進」の六つのテーマにおける取り組みを通じ、社会的な価値を創造しようとしている。

社会課題解決と事業活動の統合を組織に落とし込む

では、キリンは「社会的価値」を生み出すブランド戦略をどうやって現実のものとしているのだろうか。

キリンは国内飲料の事業再編、統合に伴って、組織を改編した（図23）。まず、ビール等のアルコール、ノンアルコール、ワインそれぞれに分かれていた研究開発部門を統合し、「R&D本部」として一本化した。

図23 キリンの組織図（2013年1月キリン株式会社立ち上げ時）

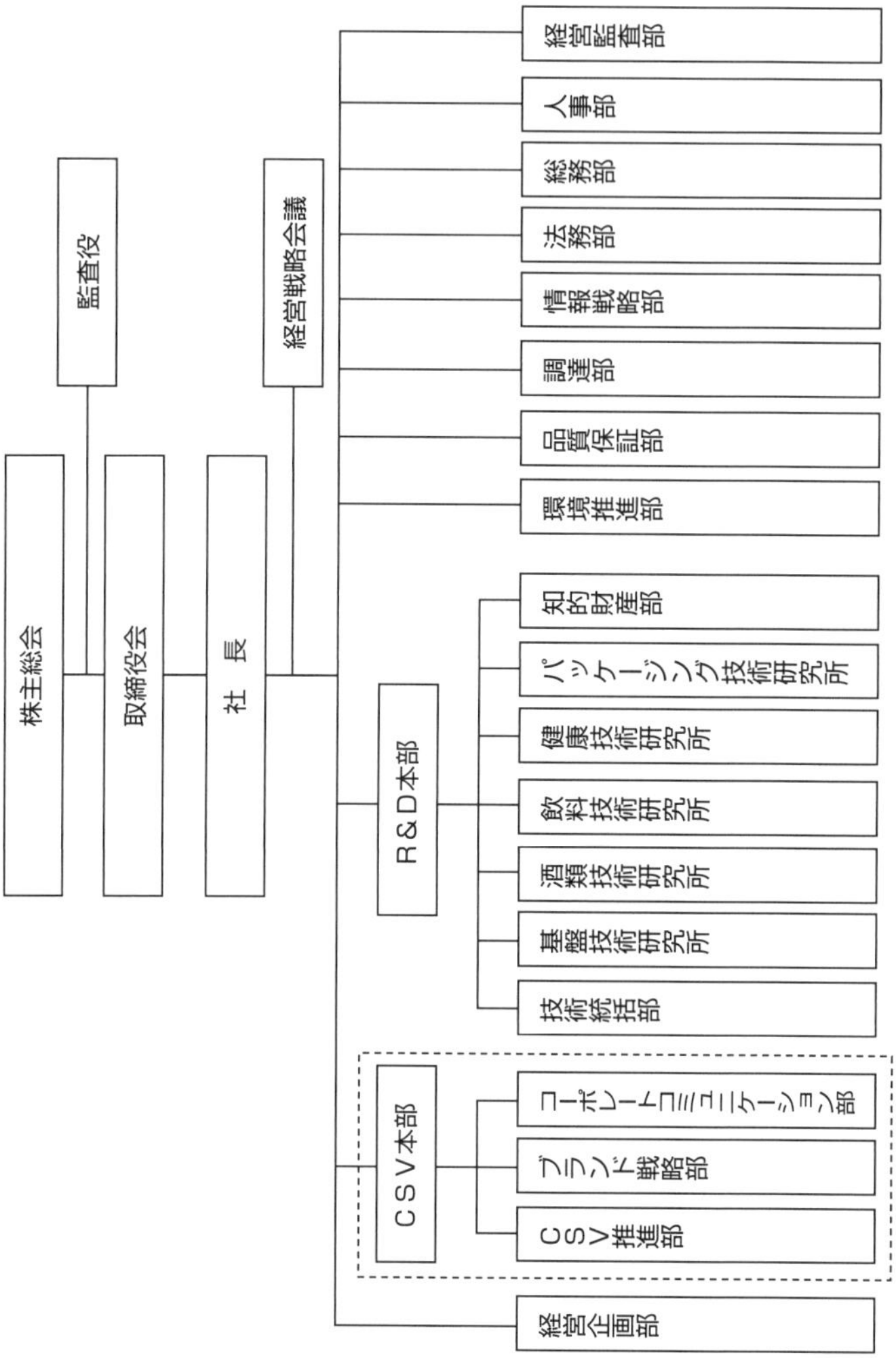

出所：同社資料

さらに、ブランド戦略を担う部署として、また、「社会課題の解決への貢献」と「自社事業活動への貢献」の統合を実現する組織として「ＣＳＶ本部」を立ち上げた。

ＣＳＶ本部には、①ＣＳＶ推進部、②ブランド戦略部、③コーポレートコミュニケーション部を置き、「ブランドを基軸とした経営」の実現をミッションに活動している。ＣＳＶと商品ブランド戦略を一体運営させることで、長期の視点を取り入れているのも特徴だ。

一般に、社会課題を扱うＣＳＲ担当部署は他のセクションと比べて長い時間軸で考え、行動するので、企業の中で浮いてしまう。しかし、キリンでは、事業計画等の時間軸よりも長い「商品ブランド」を担わせることによって、短期ではなく、中長期の時間軸を取り入れさせるとともに、お互いの認識が異なったとしても、より長い時間軸で議論できるよう仕向けている。

具体的には、ＣＳＶ本部は、ブランディングを担うことに伴う資源配分と権限も有している。加えて、広報機能も本部内にあるため、新しいマーケティング手法の協力・支援等を担うことができる。もちろん、社会課題解決への貢献と事業活動への貢献の両立を実現させる機能もある。これらのさまざまな機能がお互いに連携しながら、ＣＳＶに対する理解を深め実践に結びつくようにするとともに、人事面での組織としての位置づけも重くし、深いコミットができるようにデザインされている。

このように社会と企業にとっての共通価値の創造という考え方や、これを担う部門を事業戦略や会社組織のど真ん中に置く試みは、他社ではなかなか見ることができない。大半の企業では、総務部や広報部といった管理部門に置いていることが多く、経営企画との融合はまだまだだし、現場部門の戦略とは関係しないというのが大勢だ。

社会課題の解決と自社活動の統合ができなければ、社会における自社の存在意義も見出せないし、知らず知らずに踏んでしまう社会課題の「地雷」を避けることもできない。統合を実際のものとするための組織論として、その一つの答えがキリンの工夫にはある。

共有価値の創造を現場に徹底するための枠組み

キリンの工夫は組織にとどまらない。一つひとつの事業や個々の活動でも徹底されている。

キリンは社会課題の解決と自社の事業活動の統合を実現するため、社会と共有できる価値を創出することが必要であると考えた。

多くの企業では、事業や投資等、何か取り組みを進める際、社内で検討するための共通シートがある。事業や投資であれば、市場の成長性や自社の強み、想定される投資とリターン等、その参入の意義を簡潔に示したもの。手法の工夫・改善であれば、技術要素の変更、コスト面のメリット等、経営判断がしやすく、現場にとって検討を進めやすい共通の基盤としてつくられていることが多い。こうしたシートは企業の行動規範そのものにつながるものであり、DNAにもなる。場合によればイノベーションを促すものにもなりうる。だからこそ、それぞれの企業が工夫を凝らし、改善を重ねている。

キリンは、社会的価値の創出が、自社商品のブランド力を高め、その仕組みを担う人づくりにつながり、ひいては自社競争力も高めると考えた。そのためには社会課題解決への貢献と事業活動への貢献による経済価値の創出との両立を図る必要がある。キリンでは両立が図られているかを社内で共通言語化するための価値判断のモノサシが本社部門から現場に至るまで共有されている（図24）。一つのCSVプランにおいて社会課題解決への貢献だけしか描けないものは社会貢献の色合いが濃く、これだけではかつてのメセナや社会貢献と変わらない。一方、事業活動への貢献を考える場合——これこそが企業が経営層や社員に共有させたい考え方なのだが——、企業の利益しか実現できないものは、既存の競争の枠組みから抜け出せていない。

国内総合飲料という厳しい競争環境に置かれたからこそ、このような考え方に至ったのであろう。既存の競争の枠組みのもとでは、せっかく出した商品はすぐに陳腐化し、価格競争に陥って寿命の短いものになってしまう。

社会と企業が価値を共有できる商品をつくるプロセスをつくり出す「キリン型『統合』戦

図24　キリン型「統合」戦略（概念図）

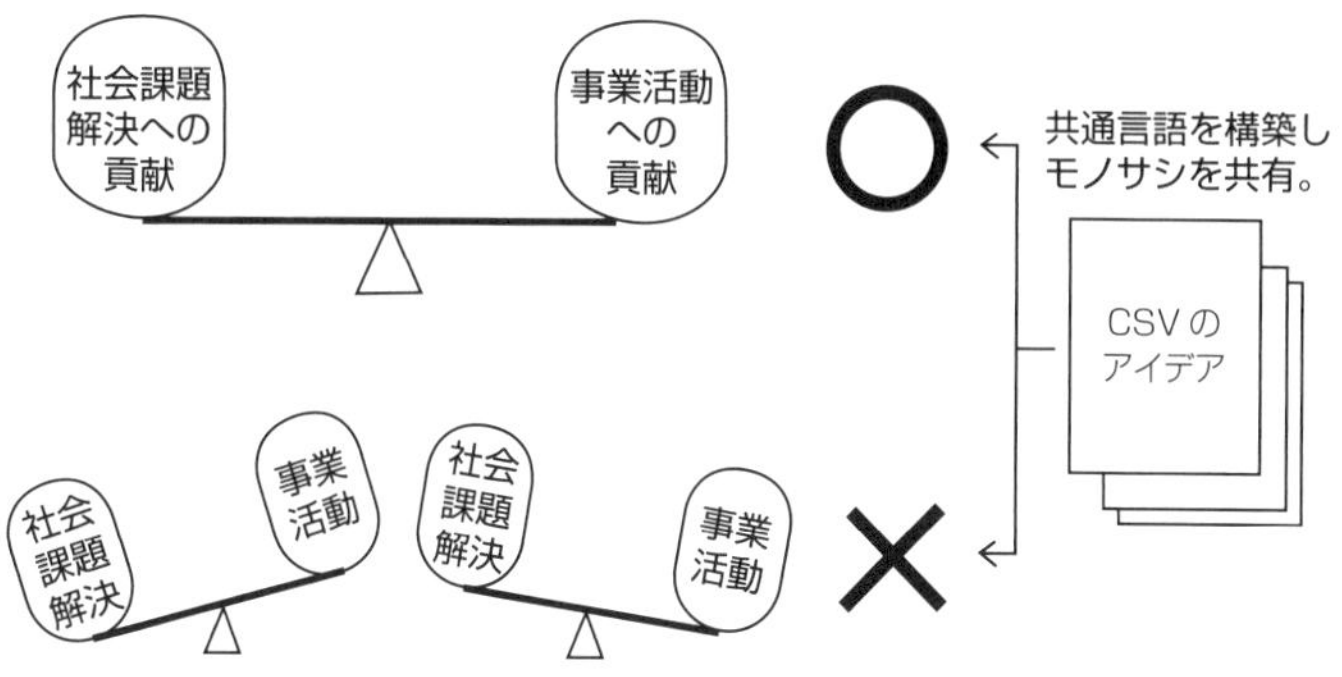

出所：インタビュー等をもとに東京財団作成

略」ともいえる考え方を、社内に浸透させることからキリンはスタートした。

過去の成功事例の共有を通じ、自社DNAを確認

考え方の導入だけでは現場は変わらない。そこで、キリンは過去の成功を改めて見直してみることにした。そこでわかったのは、自分たちがうまくいった、成功したとなんとなく共有している取り組みには共通項があることだ。

いずれの取り組みも社会課題解決への貢献と事業活動への貢献の両立を遂げている。キリンはこれを経営にも現場にも共有することにした。

最初の事例は、一九二三（大正一二）年に

までさかのぼる。操業を開始したばかりのキリンビール仙台工場は、その年の九月、関東大震災によって横浜工場が被災したため、増産に対応しなければならなくなった。製造はどうにかなったが、問題は輸送だった。当時、ビール壜《びん》は木で組んだ箱に詰められていたが、輸送の際、これがぶつかって割れてしまうという問題があった。

仙台工場では、ビール壜が割れないよう、荒浜（現在の仙台市若林区）地域の農家に、藁を筒状に束ねた包装材「苞《つと》」の製作を依頼した。同社にとっては、実損を減らせるメリットがあった上に、荒浜地域の農家にとっては、副業の縄づくりに比べて二倍の収入を得ることが可能になり、出稼ぎに行かないで済むようにもなった。地域社会、キリン双方にとって価値を創出することが可能になった取り組みとして、同社では自社ＣＳＶの原点として位置付けている。

二つ目は、キリングループのミネラル・ウォーター会社ボルヴィックで展開している「ワン・リッター・フォー・テン・リッター（1ℓ for 10ℓ）」という取り組みだ。顧客が購入した水一リットルにつき、アフリカ・マリ共和国で清潔で安全な水一〇リットルを生み出すための資金がユニセフに寄付されるものだ（図25）。

マリ共和国のユニセフは、井戸づくりと、その後の一〇年間のメンテナンスを引き受けている。プログラム開始以来、マリ共和国に提供できた水は約三九・八億リットルにおよび、七〇基の井戸を新設、一六九基の手押しポンプを修復、ソーラーパネルを使用した給水設備

図25　ボルヴィック「1ℓ for 10ℓ」による支援の実績

出所：同社ホームページ

一四基を建設している（いずれも二〇一三年九月末現在）。マリ共和国では、伝染病などによる五歳未満の子どもの死亡率が高い。清潔で安全な水があれば、疾病を予防できるし、子どもたちが遠くまで水を汲みに行く必要がなくなり、学校に通えるようにもなる。

このプログラムは、ボルヴィックに売上の大幅増をもたらした。商品を買うことが遠い国の支援につながる点、気楽にプログラムに参加できる点、同じ水のつながりで支援できるといったわかりやすい仕組みが顧客から支持されたのである。

ノンアルコールビールの開発による共有価値の創出

三つ目はノンアルコール飲料「キリンフリー」の提供だ。これは「本当の意味で社会から飲酒運転をなくしたい」という考えから生まれた商品だ。酒税法上の定義ではアルコール度数一パーセント未満を「ノンアルコール」としている。つまり、酒税法上のノンアルコールビールを飲んだ場合、アルコール度〇・〇〇パーセントでなければ、一パーセント未満とはいえ飲酒したことになる。それで運転すれば飲酒運転になる。「キリンフリー」はアルコール度〇・〇〇パーセントのビールテイスト飲料だ。宴席、ゴルフの帰り、アウトドアでのキャンプやバーベキュー帰り、そうしたシーンにキリンフリーを提案したのである。

販売にあわせて「ハンドルキーパー運動」も支援した。これは自動車で仲間と飲食店などに行く場合、仲間同士や飲食店の協力を得て飲まない人＝ハンドルキーパーを決め、その人は酒を飲まず、飲ませず、仲間を安全に自宅まで送り届けるようにしようという運動だ。

「飲酒運転の根絶」という、社会課題の解決策を打ち出した一方、キリンフリーは発売後、さまざまなシーンで飲まれるようになり、想定以上の範囲にユーザーが広がった。結果としてキリンは、「ノンアルコール」という新しい市場を創造した。

原材料、生産段階にも工夫

バリューチェーンの川上である原材料に焦点を当て、新しい市場の創出を狙った例もある。ワイン事業を担うグループ会社のメルシャンは、日本で製造するワインのさらなる品質向上や普及を目指して、二〇〇三年に長野県上田市に椀子《まりこ》ヴィンヤードを開園し、自社栽培事業を始めた。

この農地はブドウの栽培に適した気候風土であったが、以前は遊休農地だった。地域のボランティア等の協力も得て、農地の環境を整えながら栽培を続けること七年、二〇一〇年にはファーストヴィンテージとなるワインを販売するまでにこぎつけた。ここでつくられたワインは国産ワインコンクールで金賞に輝くなど、品質面でも高い評価を獲得している。日本産ワインの市場が育つとともに自社ブランドの評価も向上した。

バリューチェーンにおけるプロセスでの改善例もある。キリンは環境負荷の低減と顧客の使いやすさの向上を目指して、包装容器の軽量化に取り組んできた。壜では国内最軽量の大壜を独自開発し、約二一パーセントの軽量化を実現したほか、国内最軽量の炭酸飲料用の三〇ミリリットル・ワンウェイ壜を採用した。

缶では上ぶたの口径を小さくし、缶胴を薄くしたものを業界に先駆けて導入するとともに、製缶工程で洗浄がいらない缶の実用化も果たした。缶の口径を小さくしたこと、胴部を薄くしたことによって、約二九パーセントの軽量化を実現し、アルミ使用量を削減できた。一九九四年から二〇一二年までの累計で、原材料の縮減量で見れば約二七万トン、CO_2排出量では約二二五万トンを削減したことになる。

ペットボトルでは軽く・薄く・簡単につぶせるボトルを一部の商品に導入している。また、飲料缶を複数詰めるダンボール箱「カートン」は四隅を切り落としたコーナーカットカートンを業界では初めて採用している。

こうした取り組みは企業にとっても当然コストダウンにつながる。材料使用量減も大きいし、輸送コスト減にもなる。これも社会課題の解決と自社事業活動の統合だ。

過去のこうしたうまくいった事例を通じて見えてきたことがある。ＣＳＲやＣＳＶといっても、目新しいものではなく、じつは先輩たちや自分たちが長い時間をかけて考えてきたことであり、やり遂げてきたことではないか、ということだ。そこにキリンの経営も社員も気が付くことができた。

原材料を担うスリランカ紅茶農園の持続可能性の確保

キリン型「統合」戦略は二〇一三年に始まったばかりだが、初年度でロケットスタートが可能となったのは、社内の各層が過去の好事例を再認識したからかもしれない。

直近の事例として、バリューチェーンにおける改善事例を見てみよう。

キリンは多くの紅茶葉を使っている企業でもある。日本に輸入される紅茶葉の約六割がスリランカ産だ。そのうちの約四分の一をキリンの商品である「午後の紅茶」に使用している。これを受けてキリンではスリランカの紅茶農園の持続可能性について調査を行った。その結果わかったのは、資金的な厳しさから、生態系保全に対応した農法認証を取得できない農園が多くあることだった。

そこで、意欲ある農園に対して、持続可能な農法にかんする国際的な認証制度である「レインフォレスト・アライアンス認証」の取得を支援することにした。茶農園が認証取得するためのトレーニングに必要な資金を提供することを通じて、取得をサポートしている。初年度となる二〇一三年度は一五農園を支援した。また、これらの取り組みとあわせて、スリランカの紅茶農園で育つ子どもたちの教育を、図書の寄贈を通じて支援する活動も継続している。

この取り組みを短期的に見てしまうと、コスト増要因となる。しかし、長期の視点では見え方が変わってくる。良質な茶葉を安定的かつ持続的に確保していくこと、消費者の安全・安心志向への対応をあらかじめ考えに入れれば、事業活動上、必要な投資と考えることができる。

すでに一部の消費者には、茶葉の残留農薬を気にして、産地を選ぶ人も出てきている。こうした動きはどこで大きくなるかわからないし、何もせずにいて気が付いたときにはすでに遅いということもありうる。消費者の選択に応えるという意味でも、事業活動の上でも、必要な判断といえる。

震災復興に農業・水産業から支援をスタート

二〇一一年三月一一日の東日本大震災はキリンにも多大な被害をもたらした。キリンビール仙台工場は港に隣接しており、高さ七メートルにも及ぶ津波による被害は大きかった。大型タンクが倒れ、倒れたタンクの周辺は、津波で流された社員の車やプレハブの建物、工場

キリンビール仙台工場の被災時の様子（同社提供）

の資材などのがれきで覆われた。

キリンは四月七日、仙台での記者会見で工場再建を表明、被災後二〇〇日目の九月二六日に仕込みを再開し、一一月二日には出荷も再開することができた。関係者の努力は並々ならぬものがあろうが、その背景には一九二三年から続いた仙台工場への思い、地域社会との強い関係があり、自らの工場再開こそが被災地の復興支援そのものだとの確信があったはずだ。

こうした経緯を通じて、キリンは被災地の復興支援に自社として何ができるのかを考え、「地域社会と企業との共同による価値の創出」を目指した活動を進めている。顧客が購入した対象商品一本につき一円を復興支援に使うことに決めたのだ。

集められた資金は、キリングループが二〇一一年七月に立ち上げた「復興応援キリン絆プロジェクト」で使われた。三年間で約六〇億円を拠出し、「絆を育む」をテーマに「地域食文化・食産業の復興支援」「子どもの笑顔づくり支援」「心と体の元気サポート」の三つの分野で展開されている。

とくに食文化・食産業の復興支援はキリンらしさが強く出ている。キリンは「モノでコト、コトでヒトに貢献する」とうたっている。キリンの主眼は食卓にあるとも考えられるが、食べ物が食卓にまで届くためには、農業や水産業の現場が元気でなければならない。生産された食料を加工する第二次産業や付加価値を付ける第三次産業も元気でなければならない。単にモノをヒトに届けるのではなく、そこにかかわるコトにこだわろうというのである。

そんなことを考えて、第一次、第二次、第三次という区分けを超えたすべてを足して、掛け合わせた「六次産業化」に対する支援をキリンは考えている。たとえば、「東北復興・農業トレーニングセンタープロジェクト」では、「農業経営者リーダーズネットワーク in 東北」と「農業復興プロデューサーカリキュラム in 東京」をそれぞれ開設し、相互の連携を行いながら、新しい農業ビジネスの創出と、それによる被災地域の復興を目指している。また、二〇一三年からは、復興支援第二ステージとして、「生産から食卓までの支援」をテーマに、農作物・水産物のブランド育成支援、六次産業化に向けた販路拡大支援などを並行して展開している。

キリン氷結和梨リーフレット（同社提供）

福島県産の梨をいかす

東日本大震災の復興支援から生まれた商品に「キリン氷結和梨」がある。風評被害に悩む福島県産の梨を使ったチューハイだ。「氷結」は缶チューハイカテゴリーのトップブランドである。これに福島県の二〇一三年産の梨を使用し、同年一一月から期間限定で販売した。もちろん、この商品でも一本につき一円が、東北の農業の復興支援に活用されている。

キリンにとっては、従来とは異なる顧客接点や市場開拓を可能とし、また、メディアや行政・市民団体との接点にも変化をもたらしている。福島県の農家は「キリン氷結和梨」によって大いに励まされ、勇気づけられた。

また、それが農家の友人や親せきの購買動機となったという報道（販売当日の地元紙）もある。これもまたCSVであり、キリン型「統合」戦略を具現化した商品になっているのだ。

キリンの取り組みは始まったばかりともいえるし、これまでの歴史の積み重ねがあったゆえのことともいえる。しかし、どんなに歴史があったとしても、自らの存在意義を社会との関係において再定義しなければ、独自の「統合」戦略は生まれなかったはずだ。

このことはイノベーション創出の定石でもある。一つの目的に適う方法を見つけるのはたやすいが、二つの目的に適うような一つの方法を探すのは難しい。それも短期的に考えれば相反する可能性が高い二つの目的だ。

その容易ではない両立に挑戦するからこそ、イノベーションが生まれる。そのハードルを課すことこそがイノベーションにつながるのだ。厳しい競争にさらされているからこそ絞り出された知恵がそこにある。

case 5

ラボ型

みんなの思いを集めて「社会課題」を解決する本業につなげる精度がダイバーシティを実現

電通

発信と表現のプロゆえの「人権」への思い入れ

電通のCSRを見てみると一つの特徴がある。それは「人権」に対する思い入れだ。消費者と企業のコミュニケーションを担う広告会社の仕事は、相互の発信や表現にかかわるがゆえに「人権」についてはさまざまな経験を重ねてきた。

多くの企業の人権保護に対する取り組みが、自社で研修や勉強会を開いて社員の意識を高めたり、相談窓口を設置したりするのにとどまっているのに対し、電通の人権への取り組みは、多くの対象があり、多様な取り組みが積み重なっている。「人権スローガン」の募集と「人権ポスター」も長年の取り組みで、スローガンの応募は二〇一三年度で九八六六点にものぼる。また、この発展形として美術大学と協働した「人権アートプロジェクト」もある。

人権ポスター（上2点）、人権アートプロジェクト作品（下）

【キャッチコピー】
その送信ボタン、凶器の発射ボタンになってませんか。

【テーマ】

ネット上の人権侵害をなくすために

【制作意図】

送信ボタンを押す前に、一瞬相手の顔を思い浮かべてみよう。

【キャッチコピー】
「当たり前」って、だれ基準？

【テーマ】

障がい者の人権のために

【制作意図】

自分にとっては容易にできることかもしれません。

でもそれは“I can”なだけで、“Anyone can”ではないことを知って欲しいと思います。

異なる機能が集まるラボの魅力

電通では従来より、異なる機能を担う部署が同じ目的のために集まるプロジェクトチームをつくっている。これを電通では「ラボ」と呼んでいる。

電通には、個別企業、メディア等に対応する部門とともに、デザインや製作、管理等を担うソリューション部門があるが、新しい技術や知見はどうしてもそれぞれの現場に分散してしまう。そこに問題意識を持った社員たちが自発的に集まり、それらを組織全体にいかすため、異なる機能の社員が集うのがラボだ。

ラボは、社員の本業とは別のことができる緩やかな組織だ。電通ではラボを公認しており、就業時間内でも、上司や周囲の理解が得られれば参加可能だ。活動予算はラボの事務局が申請し、部署にしばられないラボ内のワーキング・グループが自主的に運営している。

電通では、このラボをうまく使って、社会課題の解決に取り組んでいる。社会課題をテーマとするラボをつくり、社員を集める。社会課題の解決に寄与することはもちろん、そうした活動に取り組みたい社員のモチベーション維持・向上にも寄与している。また、社外の専門家との連携を推進することで、外部の知見の取り入れにも成功している。さらには結果として、広告会社たる電通の本業にも貢献させているのだ。実際、ラボの成果は電通の本業から見ると、研究開発であり、マーケティングの機能も果たしている。

会社の仕事をしながら社会課題を解決するやり方としてはグーグルの二〇パーセントルールが有名だ。元々はポストイットを生み出した3M（スリーエム）の一〇パーセントルールの進化版ともいわれているが、就業時間の二〇パーセント、つまり週五日のうちの一日を社員独自の研究やプロジェクトに使ってよいというものだ。これをうまく使って、その一日を社会課題の解決に取り組む社員もいるという。グーグルが多様なサービスを生み出せたのはこのルールがあったからだという指摘もある。

電通のラボはグーグルの二〇パーセントルールのようなものだが、強制的なものではない。はじめに時間ありきでもない。やりたいこと、それも個人的な探究心よりも、社会課題の解決につながる仕事がしたいという社員の前向きな気持ちをうまく引き出すやり方になっている。

「みんなの文字」からスタートした「電通ダイバーシティ・ラボ」

約一〇〇名の社員が参加する最大のラボに「電通ダイバーシティ・ラボ（DDL）」がある。DDLが立ち上がった経緯をさかのぼると、きっかけは顧客企業からの要請だった。ある消費財企業から「うちの説明資料の文字が小さい、これではお客様に読んでいただけない。

高齢者や障がい者にも読みやすくするためにはどうしたらよいだろうか」という相談を受けたのだ。

考えてみれば、これは社会全体の課題だ。ユニバーサル コミュニケーション デザイン協会（ＵＣＤＡ）によれば、紙面一ページに入っている文字数が一定数を超えてしまうと読み手は見づらいと感じるという。逆に言えば文字を過度につめ込んだペーパーは意図的に読ませないように作っているとも解釈されてしまう。そうした知見を共有している現代において、企業の消費者に対する責任として、文字がたくさんの説明書を出すことはありえない選択になっている。これは一企業の課題ではなく、また、読み手の立場からすれば、社会全体の課題になりうるものだ。

そこで、みんなで知見を持ち寄り、本当に社会のためになる、ひいては顧客企業の課題に応える解決策を作っていくべきだと考え、二〇一一年六月、電通は高齢者や障がい者等、読み手の視力に問題があったとしても読みやすい文字、「みんなの文字」の開発に着手した。

まずは電通社内からデザイナーや顧客企業の担当者等、さまざまな知見を持つ社員が集まった。これに加え、コミュニケーションにかんするユニバーサルデザインに取り組むＵＣＤＡ、消費者調査の担い手として東京電機大学、フォントを扱う専門企業としてイワタが集まった。それぞれの強みをいかしたチームをつくることにより、「みんなの文字」の開発は始まった。

電通がUCDA、イワタ社とともに開発した「みんなの文字」

みんなの文字®

老眼シミュレーション

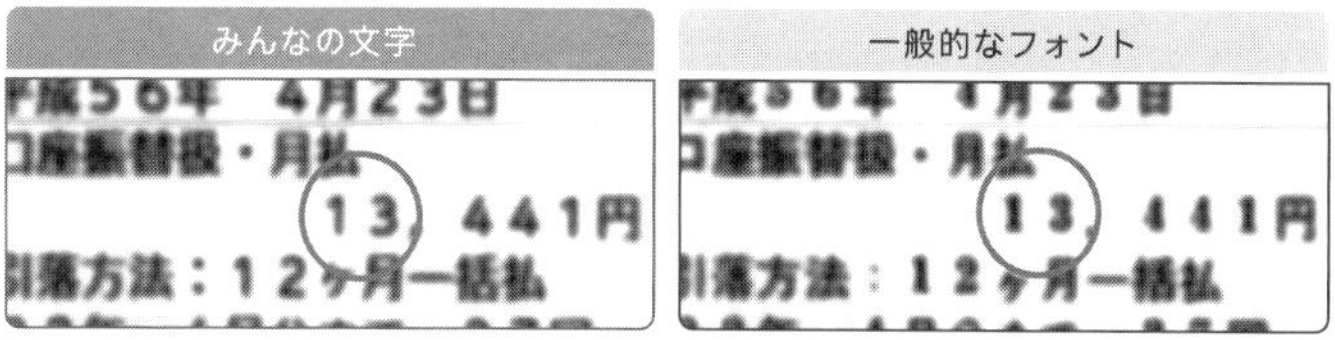

白内障シミュレーション

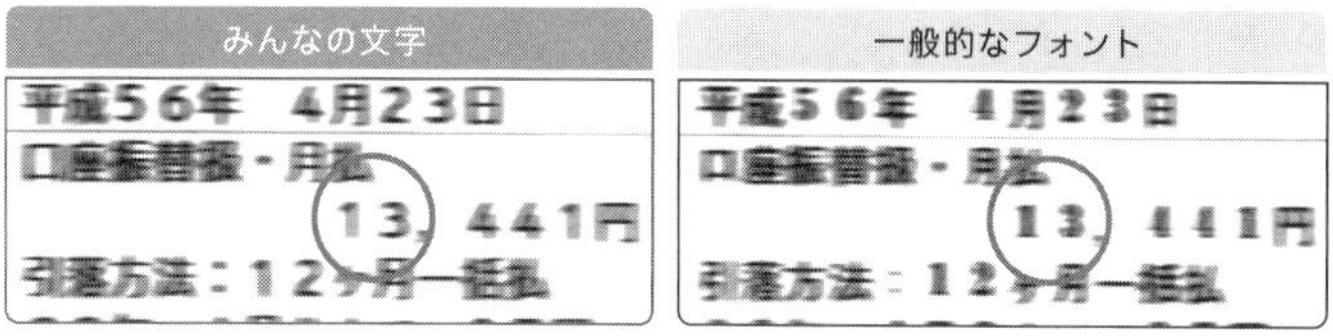

出所：同社サイト

まず考えたのは「読みにくい文字」というのはどういう原因によるのだろうということからだ。想定されるのは、①読み手の視力に問題がある（老眼、白内障など視覚障がい、疲労等による視力低下）だ。次に想定されるのは②読む際の環境が悪い（暗い環境、低コントラスト）ということだ。また、コピー（縮小、拡大）等による③印刷物の劣化（文字のかすれ・つぶれ、文字間の詰まり等）も起こりうる。そうした三つの課題をすべて想定したさまざまなフォントを用意し、文字単体はもちろんのこと、文字の連なりである単語や文章においてはどうか、多くの被験者を対象とした実験によって、「読みやすい文字」とはどういうものなのか、検討を進めた。その結果、つくられたのが「みんなの文字」だ。

いまでは、「みんなの文字」は企業製品の説明資料、金融商品の約款等に使われている。

だれがコミュニケーションに困っているのか

こうして「みんなの文字」によって、文字を見る・読むことにおける弱者のために一つの解決策を見出すことができた。多様性（ダイバーシティ）を認め合い、尊重し合える社会のためにやるべきことはたくさんありそうだということも見えてきた。

しかし、コミュニケーションにかんする課題はまだまだたくさんあるのではないか、もっとこのような活動を続けられないか。そうして社内に声掛けして集まったのが、ＤＤＬだ。

たとえば、日本では補聴器を装着する年齢が遅いといわれている。欧米では六十代から使い始めるのに対し、日本は七十代に入ってからだという。難聴がより厳しくなってからようやく装着しているのだ。本来、補聴器を必要とする人が多くいるにもかかわらず、実際には大半の人たちが使っていない。それは結果として、本人からすれば聞きたいことが聞こえない、他人からすれば聞こえてほしいことが聞こえていない、というコミュニケーションに課題を持っている人の多い社会になってしまっているということだ。

これは社会課題である。そしてビジネスの立場からすれば、たんに補聴器の普及促進のみならず、コミュニケーション・ギャップを埋めることができればチャンスになるかもしれない。広告の世界から見れば、せっかくＴＶで15秒のＣＭを流していても、音声情報の部分がほとんど伝わっていない人が少なからずいるということなのだから。

多様性を認め合う、多様性を重んじると口でいうのは簡単だが、そもそもコミュニケーションの弱者になりうる人たちはだれなのか、そして、私たちの社会にどのくらいいるのかということをまず考えねばならない。

ＤＤＬはまず日本社会における対象を例に考えてみることにした（図26）。障がい者にもいろいろな人たちがいる。視覚や聴覚等に障がいがあれば文字や会話でのコミュニケーションに壁ができてしまう。身体の障がいだってそうだ。また、性的少数者（セクシュアル・マ

図26　「みんな」の多様な構成

単位:千人

聴覚障がい者	360	軽度合わせると約600万人
視覚障がい者	315	弱視者合わせると約133万人
身体障がい者	3,663	
知的障がい者	547	
色覚障がい者	3,190	日本人男性の約5%
外国人登録者	2,130	
LGBT	6,660	出現率5.2%
上記の合計	16,865	総人口の≒13%
65歳以上高齢者	29,410	2055年には人口比41%に
合計	46,275	総人口の≒36%

※重複部分あり／一部推定含む
出所：DDL資料

イノリティ、ＬＧＢＴ）は事実と異なる誤解や偏見がコミュニケーションの壁になっていることも多い。これらの人たちを合計すると約一六九〇万人、日本の人口の約一三パーセントに相当することがわかった。これに老化等に伴って各種身体能力が衰えてくる六五歳以上の高齢者を足せば、日本人の約三六パーセントがコミュニケーションの弱者になりうる。

ただし、ここには子どもは入っていない。軽度の障がいを伴う人も含んでいない。慢性的な疾患に苦しむ人も入っていない。もしかするともっと多くの人がコミュニケーションの弱者になりうるかもしれない。

ＤＤＬではそうしたコミュニケーション弱者になりうる人、ダイバーシティを実現する社会を考える上で忘れてはならない人たちのことを「みんな」と呼んだ。おそらく、ここに示した「みんな」は「少なく見積もってもこのくらいはいる」と考えてもよい数だ。

加えて、三人に一人が「みんな」だとすれば、自分も含め、自分の家族や友人、周囲には必ず、そうした人がいることにもなる。自分もそうなるかもしれない。みんなの問題は文字通り「みんな」＝社会の全員にとっての問題だ。それぞれの違いを「優劣」ではなく、「個性」として尊重し合える豊かな社会を目指す。そうした意識を共有しながら、みんなの問題を考えていきたい。みんながみんなのことを考え、行動できる社会をつくっていこう、そのためにコミュニケーションの切り口から課題を明らかにして解決策を示していこうというのがDDLのビジョンだ。

「ダイバーシティ・シンキング」というアプローチ

ダイバーシティという言葉のとおり、「みんな」にはそれぞれの事情がある。同じ障がいであっても、それぞれの事情や違いに対する認識をお互いに持つことこそが重要だ。そうした観点から、DDLでは、みんなの課題を考える大前提として、「ダイバーシティ・シンキング」から始めることにした。

世の中にはダイバーシティを重んじた働き方があるだろう。ダイバーシティを重んじたビジネスのつくり方もあるだろう。ただ、その前提にある共通の視点、そもそもダイバーシティとは何かということに対する理解が足りなければ、いずれも独りよがりに陥ってしまう。それでは「みんな」にとっての課題を解決することにはならない。そこでダイバーシティとは何かを考える「ダイバーシティ・シンキング」を大切にしているのだ。

たとえば、こんな話がある。ここは郊外のレストランだ。ちょっとごちそうを食べたいと思った人が訪れるところで、値段は少し高めだが、評判もよい。普段着ではなくちょっとおしゃれをしていくハレの場のレストランだ。

そのレストランに足が不自由で車椅子に乗った人を含む家族四名がやってきた。あなたはフロア・マネージャーだ。「いらっしゃいませ」と声をかけたあなたは、車椅子に乗るお客さまが一人いることに気付いた。いまなら窓際の四人掛けのテーブルがちょうど空いている。日射しも暖かでちょうどよいだろう。気を利かせたあなたは「お客さま、しばらくお待ちください。窓際のお席がちょうど空いておりますので、準備いたします」と声をかけ、近くにいるウエイターに指示をした。「あの四人掛けのテーブルの一つ、窓が見える一番よいお席の椅子を外してください。こちらのお客さまが車椅子のまま入れるように」と。おかげで家族四人は楽しい時間を過ごすことができたのだった……。

この事例を一見すると、大変気が利くフロア・マネージャーのおかげで、障がいを伴った人でも家族みんなで楽しい食事ができた話のようにうまくいく場合もあるかもしれないが、車椅子を使う人たちの感覚は必ずしも同じではないようだ。

車椅子を使う人の中には、家族みんなと同じように同じ椅子に座りたい、車椅子から家族と同じ椅子に移りたいという気持ちを持つ人が少なからずいる。確かにそれはそうかもしれない。車椅子が食卓の椅子と同じ高さとは限らない。高さが違えば食事をとりにくい。周囲の目も気になるかもしれない。せっかくのおしゃれをして来たレストランだからこそ、車椅子から離れたいという気持ちもあるかもしれない。サービス精神を発揮し、よかれと思ってしたことなのに、結局、本人は望んでいなかったりすることも多いのだ。もちろん、車椅子のままテーブルにつきたいという人もいるはずだ。では、どうすればよかったのだろうか。

フロア・マネージャーのあなたがすべきは「まず彼／彼女の希望を聞いてみること」なのだ。お客さまが入ってきた、車椅子の人も一緒だ、そこでの最初のアクションは「お客さま、窓際のよいお席がございますのでご案内させていただきたいと思いますが、お客さまは他の皆さまと同じ椅子に座られますか、それとも、そのまま車椅子でテーブルにつけるように椅子を一つ外しましょうか」ということなのだ。

もちろん、前述のとおりにしたからといって文句を言ったり、怒ったりする人はほとんどいないだろう。だからこそ、その行為をした人はまったく気付かないまま、皮肉にも次も同

図27　みんなのミライを実現するキーワード

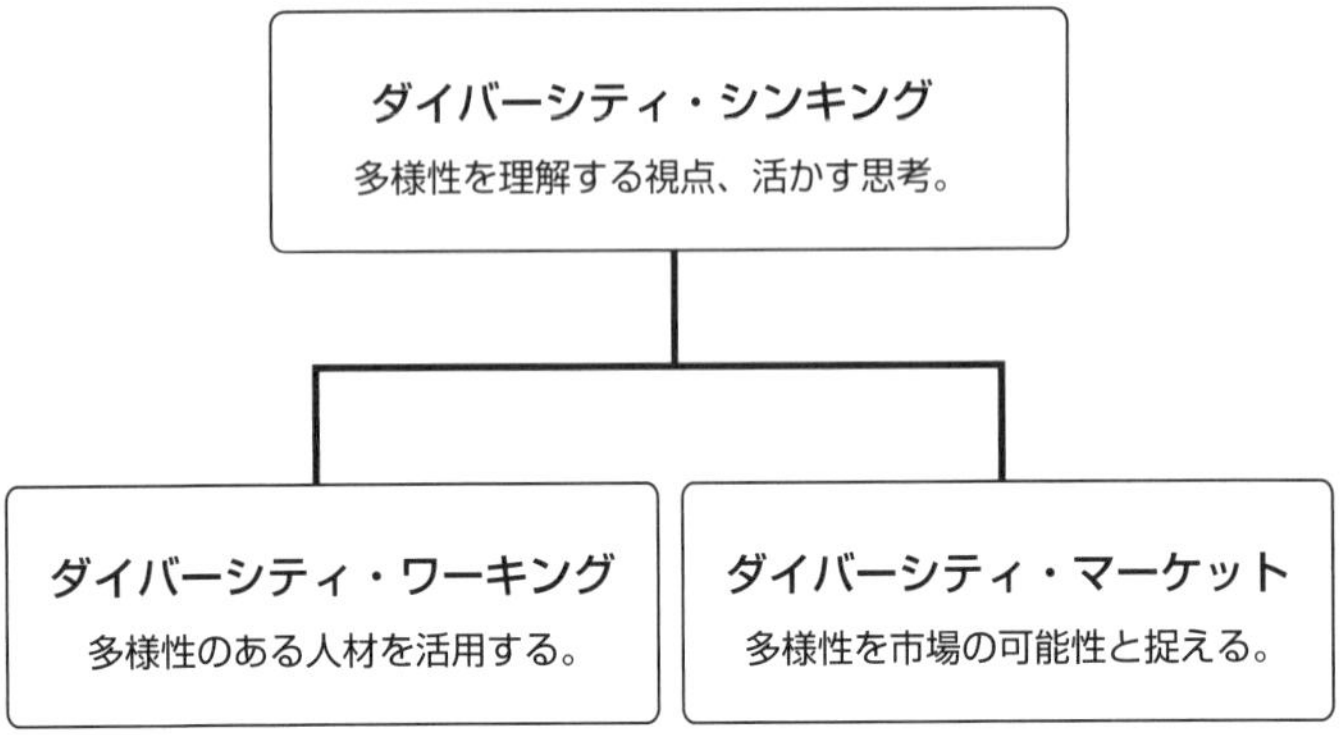
ダイバーシティ・シンキング
多様性を理解する視点、活かす思考。
ダイバーシティ・ワーキング
多様性のある人材を活用する。
ダイバーシティ・マーケット
多様性を市場の可能性と捉える。

出所：DDL資料

じことを繰り返してしまう。

障がいを伴っている人に対してまず何をすればよいのか、それは本人がどうしたいのか聞くこと、声をかけることである。一見あたりまえのように聞こえるが、じつはなかなか簡単なことではない。実際、あなたは本当にそれができているだろうか、知らず知らずのうちに過去の経験をもとに「よかれと思う」行動をとっていないだろうか。

「ダイバーシティ・シンキング」が深まれば、おのずから働き方に対する考えも、ビジネスを深めていくという考えも変わってくる。実際、上記のレストランのような「まず聞いてみる」という対応ができるようになったところではファン層がつくられていくかもしれない（図27）。

「ダイバーシティ・シンキング」には、ま

た別のアプローチもある。公益財団法人共用品推進機構が提唱し、ＤＤＬと一緒に取り組んでいる「みんなの会議」も、そうした考え方に基づく会議だ。ＤＤＬでは、こうした会議を積極的に開催し、自社の顧客、製品やソリューション（解決策）について、活用してもらうことを進めている。

たとえば、「段差」。段差は車椅子を使う人からすれば、まったくないほうがよいのだが、目が不自由で白杖を使う人からすれば、段差があることで行ってはいけないところがわかるので不可欠な存在だ。それぞれもっともな意見で、かたやあるのは困る、かたやなければ困るのだから、一見するとそこに折り合いのつけようはないようにも思える。ところが「みんなの会議」で同じテーブルに座って、それぞれの意見を聞いて、お互いの事情を知ることで、解決策を見出すことができるようになるという（図28）。

図28 「みんなの会議」(共用品推進機構)

出所：共用品推進機構資料

ＬＧＢＴ調査を通じて見えた「ダイバーシティ・ワーキング」と新しい市場

ＤＤＬを立ち上げた時に一〇〇名の社員が手を挙げた。これらの社員の中には、何かしら「みんな」に該当する人が多かったという。障がい者もいるし、国籍が日本ではない人もいる、セクシュアル・マイノリティもいる。自分の周りにそういう人がいるという人もいる。もちろん、社会に対して何かしたい、役に立ちたい、何かできるはずだという考えの人もいる。いずれにせよ、自分自身が当事者として、会社での働き方をもう一度考えてみたい、社会に対して何かアクションを起こしたいという思いで集まった人たちが多い。

ＤＤＬでは、障がい（身体的・知的・精神的等）、ジェンダー（性別、男女共同参画、ＬＧＢＴ等）、多文化（国籍、文化、民族、宗教等）、ジェネレーション（シニア・子ども・世代間格差等）の四つのワーキングチームをつくった。それぞれのテーマごとにアプローチは異なるが、いずれも「ダイバーシティ・シンキング」からスタートすることは同じだ。

ただ、考えるにしても材料が少ないテーマもある。その一つがＬＧＢＴだ。ＬＧＢＴはＬ（レズビアン）、Ｇ（ゲイ）、Ｂ（バイセクシュアル）、Ｔ（トランスジェンダー、性同一性障がい、身体的な性と心理的な性が異なる）の頭文字をとった言葉で、セクシュアル・マイノリティを表す総称だ（図29）。

図29　LGBTの構成

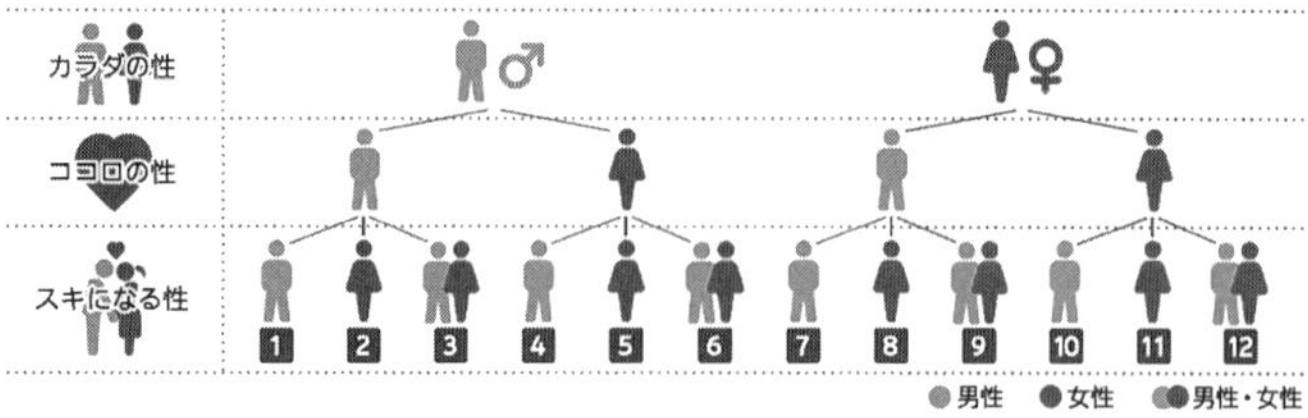

出所：DDL資料

日本ではオネエ系と呼ばれるタレントがＴＶに出演していて一見オープンなように見えるが、いまだ、差別や偏見を恐れてＬＧＢＴであることを隠している人が大半である。国際的には、ロシアにおいて同性愛者への差別を助長しかねない法律が成立したこともあって、ソチオリンピックの開会式を欧米各国の首脳がボイコットしたことが記憶に新しいように、欧米を中心に、ＬＧＢＴの人権を重んじ、市民権を得ようとする動きもある。二〇一一年には国連人権理事会において同性愛者の人権を擁護する採択が決議されている。また、米国では七七兆円、英国でも七兆円と推定されるＬＧＢＴに関連する市場があるとも言われている。

そもそも、日本の場合、差別や偏見を恐れて本人がＬＧＢＴであることを隠しているので、どのくらいの人がＬＧＢＴなのかもわからない。ＤＤＬでは、ＬＧＢＴとはどういう分類になるのか、専門家の協力を得て、事実を丹念に掘り起こした。

二〇一二年二月、七万人を対象としたネット調査「電通総研LGBT調査」を実施し、その中からLGBTはどのくらいいるのかを見出し、基礎情報を収集するとともに、その思考や行動について嗜好も含め調査した。

この調査を通じてわかったのは、七万人のうち約五・二パーセントがLGBTであることだった。五・二パーセントといえば、二〇人に一人。実際、同調査でも約一〇パーセントの人が「身近に当事者がいる」と回答しており、働く会社のあり方としても市場規模としても無視できない存在であることがわかった。

企業のLGBTに対する姿勢やサポートも変化している。電通自身がLGBTに対する差別撤廃を表明した企業行動憲章を定め、日々の働き方やオフィスの配置を工夫し、差別や偏見をなくすため、素朴な疑問集も含めたわかりやすいパンフレットを作成している。

こうした取り組みは自社の人権保護はもとより、顧客企業からの要請による人権教育等、さまざまな形でいかされている。さらには、その市場インパクトの大きさを踏まえ、LGBT市場の開拓を促す活動も進めている。すでに同性カップルも「家族」の対象とする会社も出てきており、社会全体でマーケットとして、ビジネスとして考えることを通じて、ダイバーシティを実現しようという活動にも取り組んでいる。

解決策を持つ企業と、社会課題とをつなげる

ＬＧＢＴのように働き方だけではなく、市場のインパクトとしてとらえるのは、ほかの「みんな」に対しても同様だ。まずは事実にとことん向き合ったＬＧＢＴとは異なり、視覚や聴覚等の障がい者にかんする課題は、さまざまな企業が解決策を持っているにもかかわらず、それらが課題やニーズとつながっていないという現実があった。そこで「障がい」にかんするワーキングチームが、ダイバーシティ・シンキングを身に付けた後に取り組んだのは、解決策を持っている企業と仲良くなることだった。

一つの事例として、「ユニボイス」を採り上げたい。視覚の障がいによって、文章が読めない、見えない人がいる。一般に流通している新聞や雑誌、あるいは役所からのお知らせといった情報であれば、誰かに読んでもらうとか、点字にしてもらえば問題ない。

ところが、他人に知られたくない情報の場合、彼らが情報を得るのはなかなか難しい。たとえば、銀行や郵便局の預金残高が書いてある通帳、年金の加入情報や受け取り見込み額が書いてある年金定期便がそうだ。まず、個人情報なので読んでもらえない場合があるという。読んでもらったとしても、自分の秘密を知られてしまうので、お互いに気まずい気持ちになる。何か手伝ってもらったとしても、財産目当てなのかと要らぬ心配や疑念すら湧いてきてしまう。ひどい場合には、本当のことを伝えてもらえず、騙される障がい者もいるという。

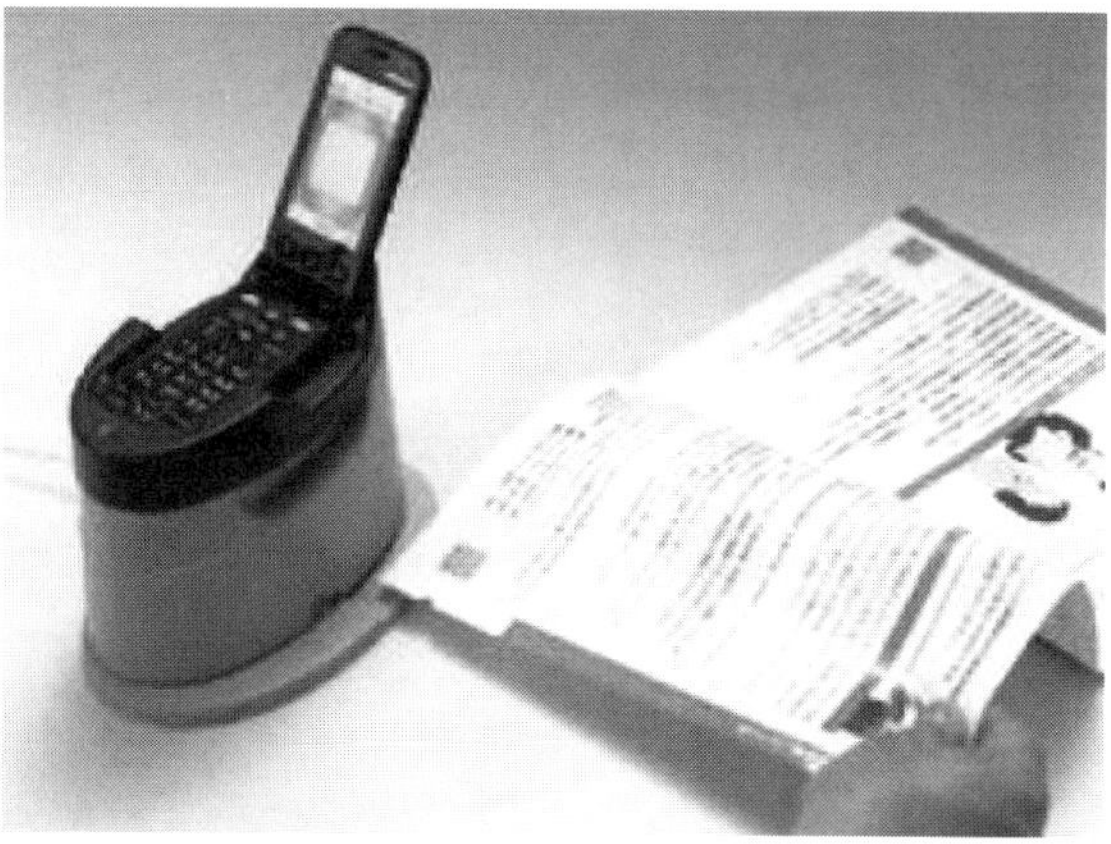

ユニボイスが印刷された資料と読み上げ端末

ユニボイスは音声コードを携帯電話等の端末で読み取って、音声で情報を読み上げてくれる技術だ。ユニボイスはＪＡＶＩＳ（ＮＰＯ法人日本視覚障がい情報普及支援協会）が特許取得も含めてその開発を担った、漢字を含む文字データを約八〇〇文字記録できる、携帯電話・スマートフォン対応の二次元バーコードだ。印刷物に付けられた音声コードをカメラで撮影することによって、そこに書いてある文字データを読み取り、表示や保存ができる。ＤＤＬは、この技術を採り上げ、どんなニーズとマッチングできるか、ＪＡＶＩＳとともに考え、社会に解決策として提案していったのである。

視覚障がい者にとっては、ユニボイスがあれば、他人に知られたくない情報を自分自身で聞くことができる。年金定期便から始まり、税金納付書、郵便貯金の残高等への拡大が進んでおり、過誤が許されない薬局でのやりとりに必要な薬剤情報・レセプトへの採用も推進されている。

さらに、この音声コードに、言語翻訳というもう一つの機能も加わった。ユニボイスの音声コードを読み取り、言語翻訳機能を使って、端末が英語、中国語、韓国語による音声読み上げをしてくれる。これにより、二〇二〇年の東京オリンピック・パラリンピックに向けた観光用のガイドはもちろんのこと、すでに採用が進む税金納付書や貯金残高、薬局での処方箋による薬の受け渡し時の確認においても、言語の壁を越えるコミュニケーションが可能となるのだ。

ビジネスとしての真剣さがなければ、受け入れてもらえない

働く場において、ビジネスとしてのコミュニケーションを活用しダイバーシティを実現する。その前提として、ダイバーシティをあたりまえのこととして考えられるよう、思い込みを排し、事実に向き合う――それこそがＤＤＬの取り組みだ。そこでの最大の悩みは「ダイバーシティを実現する社会」という課題への貢献と自社の事業活動とのバランス、つまり「統合」だ。会社全体となれば、予算をかけただけの成果を求められる。何が成果かといっても

人によって評価はさまざまだ。ＤＤＬでの活動を通じて数々のソリューションを打ち出してきた担当者たちは言う。「社会にとって意義があることだからこそ、最後は自社のビジネスにつながるようこだわりたい」「自分たちが得意なコミュニケーション領域において自らの強みをいかしたビジネスになるようにこだわりたい」と。

ビジネスというよりも純粋にプロボノ、つまりボランティアとして自分自身のスキルをいかした社会貢献をしたいと考え、ＤＤＬに参加してくる社員もいるが、「統合」へのこだわりを忘れてしまうと、社会にソリューションとして提供する際に精度が落ちてしまい、結局は社会に受け入れられないものになってしまう。ビジネスとしての真剣さこそ、社会に新しいソリューションを提供するのに不可欠だと考えてもよいかもしれない。

「統合」への思い入れは、ＤＤＬをラボの一つとして公認し、参加社員の自主性を重んじている電通が、会社として、こうした活動を継続していこうと志向していることにほかならない。実際、現在のＤＤＬの位置づけは明確で、社会課題の解決の担い手であると同時に、電通自身のバリューチェーンのある部分をしっかりと担っている。ＤＤＬを通じて示された考え方や枠組み、また、具体的なソリューションは電通のさまざまな現場で使われるようになっており、いわば、そのバリューチェーンで見れば、川上の研究開発やマーケティング機能をダイバーシティの側面から担っているともいえるだろう。

case 6

継続型

とにかく続けることで「社会課題」を「強み」に変えるBtoB企業におけるCSR

曙ブレーキ工業

社員の顔があふれる事業・CSRレポート

曙ブレーキ工業（以下、曙ブレーキ）の事業・CSRを統合した報告書である『AKEBONO REPORT』を読んで、すぐに気付くことがある。他の会社よりも社員の姿が目立つのだ。たとえば、二〇一三年度のレポートの表紙を見てみよう。圧倒的に社員の露出が多い。二〇一一年度にいたっては、すべての写真が世界各地で活躍する社員の顔だ。

表紙を開いても出てくるのは社員の顔だ。表紙の裏の「曙の理念：私達は、『摩擦と振動、その制御と解析』により、ひとつひとつのいのちを守り、育み、支え続けて行きます。」という言葉の下には、社員の写真とともに、その「理念」を自分自身に引き寄せた彼ら自身の言葉が書かれている。普遍化、結晶化された理念としての言葉と、当事者として考え行動す

『AKEBONO REPORT 2013』表紙

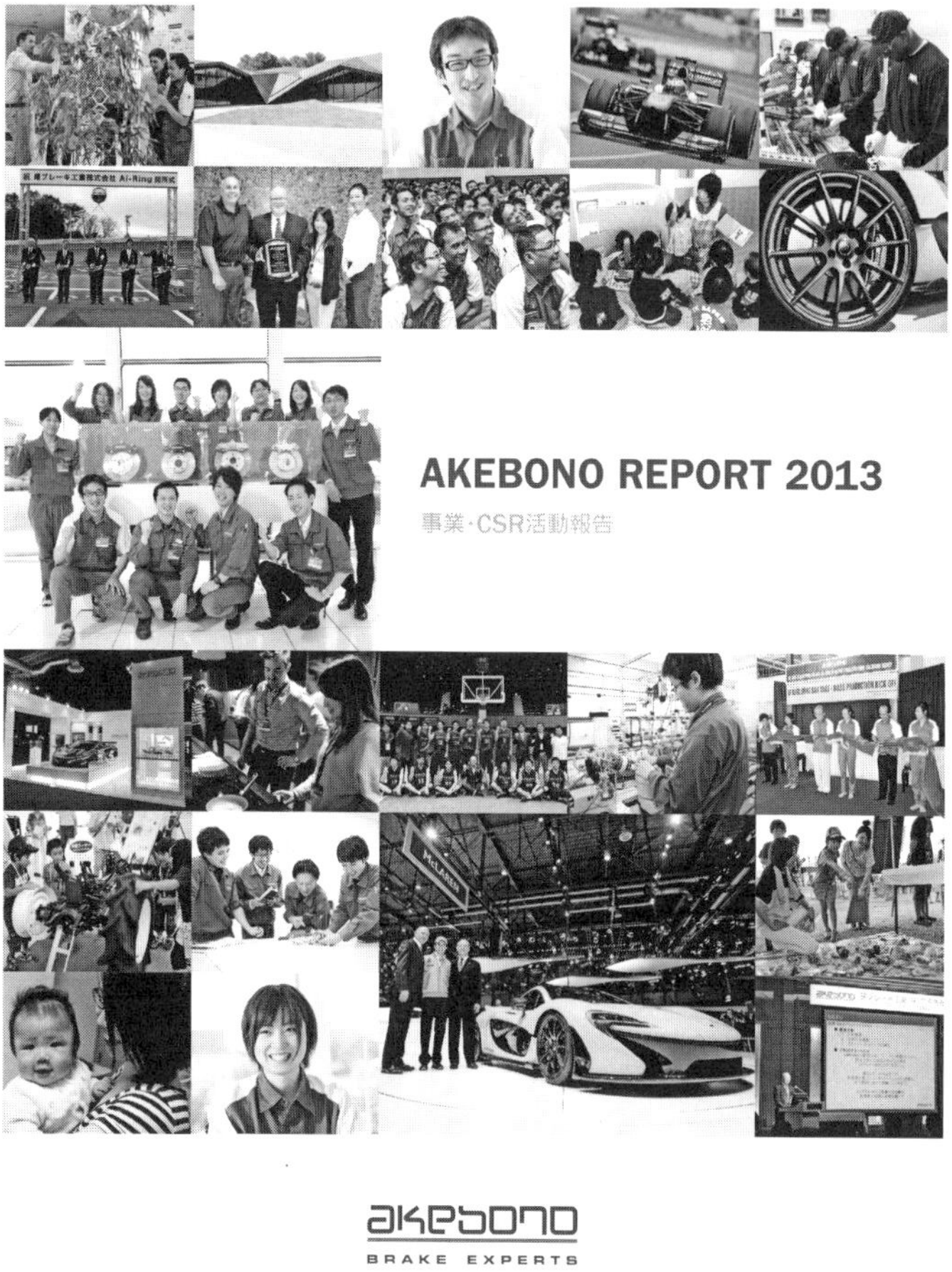

る社員たちの身近な言葉を通じて、曙ブレーキとはどのような会社であるのか、そこで働くことは社会にとって、そして、自分自身にとってどのような意味があるのかをわかりやすく表現している。

『AKEBONO　REPORT　2013』の三つの特集の見せ方にも曙ブレーキらしさが感じられる。二〇一三年版の特集の一つ目は「新中期経営計画」、二つ目は「2020年に向けた製品開発」、三つ目は「東日本大震災」だ。その内、二つ目の「2020年に向けた製品開発」では、ベースとなる「製品」と「造り方」を世界共通にしていくこと、そして、個別のニーズに対応した「特性」を組み合わせて、競争力を高めていく考えを書いている。ここでは、そうした技術の差別化を担う一二名の若手技術者が登場し、それぞれの持ち場から、その内容を具体的に語ることを通じて、同社が何を目指し、そして、具体的には今から何をすればよいのかがだれにもわかるようになっている。

課題は、会社や製品への誇りを育てること

では、なぜ、これほどまでに社員の顔が並ぶのだろうか、そして、社員が自分の言葉で語ろうとしているのだろうか。

そもそもの話に戻るが、曙ブレーキは自動車や鉄道等のブレーキをつくる会社だ。自動車

『AKEBONO REPORT 2013』の1ページ目（抜粋）

曙の理念

私達は、
「摩擦と振動、その制御と解析」により、
ひとつひとつのいのちを
守り、育み、支え続けて行きます。

1999年制定

長時間使うものだから、ドライバーにとって安心で快適な製品を
ドライバーが意識しないほど静かで、かつ確実に止まる、ブレーキを
使っている人にも、造っている人にも優しいブレーキ
粉じんのない、環境にも人にも優しいブレーキ
「akebonoのテストをクリアすれば絶対に安心」と信頼されるような評価手法を構築したい
各地域のお客様ニーズに的確に応えられる、より精度の高い「共通化・標準化」を実現したい
ブレーキのことならakebono、と頼られる存在になりたい
これまでになかったような、新しい機能を持つブレーキを創りたい
あらゆる組み合わせの摩擦材を研究し、ブレーキメカニズムの解明につなげたい
いつでも楽しく、笑顔で仕事に取り組み、社会に貢献できる製品を世に出していきたい
「さりげない安心と感動する制動を」というコーポレートブランドをあらゆる業務において浸透させたい

用ブレーキ分野で高いグローバルシェアを誇る、日本を代表するモノづくりの会社の一つだ。

ブレーキとは、摩擦現象を利用して運動エネルギーを熱エネルギーに変換し、車を止める装置の総称のことである。ブレーキは命を守る大切な役割を果たしている縁の下の力持ちのような存在だ。しかし、ユーザーからすれば、かなり地味な存在であることも事実だ。トヨタ、日産、ホンダ、マツダ、三菱……と、完成車メーカーの名前は知られているが、ブレーキメーカーの名前を挙げられる人は少ない。

じつは、曙ブレーキの社員にとっても、それは同じことだ。自社の製品を直接手にすることができない、完成車を見ても自社の製品が使われているかはよくわからない。日々の努力を積み重ねた製品や部品であっても、表からは見えにくい製品を扱うがゆえに、自社製品や自社に対する誇りが失われがちになってしまう。

曙ブレーキでは、自社や自社製品に対する評価について、さまざまなステークホルダーを対象に調査を行っている。この評価で見えてきたのは、完成車メーカーや原材料・部品供給先のビジネスパートナーが曙ブレーキやその製品に対してきわめて高い評価をしているのに、自社社員による評価がそれを下回ってしまうという問題だ。

同社は二〇二〇年度のグローバルシェアの達成目標としてOEMディスクブレーキパッドのシェア三〇パーセント獲得を掲げている。現在の一八パーセントからさらにシェアを高めていこうとする意欲的な目標で、そこまでの水準を視野に入れることができるほど優れた会社だということだ。しかし、そんな曙ブレーキであっても、社員の会社に対する誇りにはまだまだ改善の余地がある。

入社後に読めるCSRレポートを目指す

ＣＳＲに全社で取り組み、それを取りまとめる役割を、同社では「ブランディング推進室」が担当している。ブランドは消費者にとってのロイヤリティをつくるもので消費財企業ではしばしば事業戦略の一つとして位置付けられるが、企業を顧客とするＢtoＢ企業におけるブランディング推進はあまり聞かない。

曙ブレーキにとってブランディングとは社員にとっての会社や製品に対する誇りを育てることであり、そこに大半のリソースを注いでいる。一般に、事業報告書やＣＳＲ報告書、統合報告書、アニュアル・レポート等はすべてのステークホルダーを読み手として想定して書かれたものだが、曙ブレーキの統合報告書である『ＡＫＥＢＯＮＯ　ＲＥＰＯＲＴ』は、重要な読み手として社員を強く意識している。社員が会社のことを自分自身のこととして考え、行動することができるよう、その手引きとしてつくられている。

実際、『ＡＫＥＢＯＮＯ　ＲＥＰＯＲＴ　２０１３』のトップメッセージの結びには、こう書かれている。

「ブレーキは、自動車の単なる一部品ではなく、クルマを『安全かつスムーズに走らせる』ためになくてはならないものです。ａｋｅｂｏｎｏグループの全員が、ブレーキという製品を通して人々の『安全と安心に貢献している』ということに誇りを持って、自分の価値を知り、自ら積極的に考えて行動できる人になってほしいと願っています。ａｋｅｂｏｎｏが２００５年より取り組んでいるコーポレートブランド経営にはそうした意図があります。社員がａｋｅｂｏｎｏにとって最大のブランド発信者であるという認識を持って日々の業務に取り組むことが、ひとりではできないことをみんなで実現するという会社の組織力を強くし、広くステークホルダーに企業としての価値を認識していただくことにつながっていくと信じています」

曙ブレーキに限らず、近年、企業が発行するＣＳＲ報告書の一番の読み手は、将来の社員候補である学生だという。就職試験に臨むにあたって、どの会社がよいのかを考えるための材料にする。長い時間軸で会社のことを考えるからこそ、社会のことと会社のことをどう考え、行動しているのか、そうしたところを読むのだ。ところが、会社に入った途端に自社のＣＳＲ報告書に目を通す人は減ってしまう。長期視点で入ったはずなのに、入社してしまえば短期視点に陥ってしまう。

トップメッセージのとおり、曙ブレーキでは、『AKEBONO REPORT』を、社員一人ひとりが自社のことを考え、行動するきっかけと位置付けている。すでに曙ブレーキは連結売上高も社員数でも約六割を海外が占めている。グローバルな競争を考えれば、日本で「モノづくり」を続けるのは容易なことではない。しかし、同社は社員の潜在能力を最大限に発揮することができれば、前述の目標はもとより、真にグローバリゼーションに対応した会社をつくることが可能であると考えている。そのためにも、基盤となる会社や製品に対する誇りを育てることこそが重要だと位置付けている。

同社では人材を「人財」と呼ぶ。人財を育てるため、世界から集まる人財の育成を担う研修センターもつくった。曙ブレーキでは、それぞれの現場のことはもちろん、社員一人ひとりに広い視野で企業経営全体を考えさせ、自らの仕事は会社全体のどこに位置付けられ、それがどこにつながっているのか、長い時間軸の中でどこに向かっていくのか、そのために自分自身は何をしなければならないのか、そうしたことを考えさせるために『AKEBONO REPORT』をいかしている。

あらゆるステークホルダーを念頭に置くのは当然のことだ。しかし、誰のためのレポートなのか、誰に読ませるレポートなのか、焦点が絞り切れず、ややもすれば、作成そのものが目的化してしまう企業も多いなか、自社の最大の課題の一つである「社員の誇りづくり」を促し、「広い視野・長い時間軸で考えるクセをつける」「当事者としての課題探し」を育てるレポートをつくる曙ブレーキに学ぶことは多い。

東日本大震災の経験、震災直後の社員アンケートの実施

「社員の誇りづくり」を第一に考える姿勢は、東日本大震災からの復旧・復興でもいきていた。同社グループは東日本に四つの生産拠点を持つ。被害が最も大きかったのは福島県伊達郡桑折町で自動車用のブレーキ摩擦材部品等を製造する子会社、曙ブレーキ福島製造(株)(以下、福島製造)だ。その福島製造では、社員たちの努力により、震災の一〇日後の三月二一日には生産可能な状況に復旧することができた。曙ブレーキらしさが出るのは、その後の対応だ。同社では「震災を通して感じたこと、気付いたこと」について、アンケートを実施した。同年五月二七日時点で二三九件の回答が寄せられ、「社員同士のつながり、一体感・団結力・連帯感」「会社が社員を大切に思う気持ち」「地域の方々、お客様、お取引先様からの感謝の気持ち」にかんする意見が多く出されたという。

この被災からの復旧、後にはタイの洪水被害等の経験は、同社のサプライチェーンのあり方を見直すきっかけになったという。原材料や部品を供給してくれる会社はグローバルにどのくらいあるのか、いざというときに原材料や部品を代替して調達するリスク・マネジメン

震災後の社員アンケートの意見

■社員同士のつながり、一体感（団結力、連帯感）

・海外拠点からのメールのほとんどに日本の状況や akebono の状況を心配する言葉が入っていた。自ら情報を入手しない限り分からないような環境でも日本や akebono のことを気にしてくれていて、akebono は日本だけでなくグローバルな会社なんだと感じた。
・交通機関ストップにより帰宅困難だった同僚を、車で家まで送り届け、感謝された。
・被災した地域に向け、食糧・水を直ちに運ぶなど、拠点間を越えた応援を行っていたり、全社で義援金を募る等、akebono 全体で支えていこうという意気込みを強く感じた。
・震災後電力不足が問題となった。まだ寒さも残っている最中、エアコンや照明の使用を控え節電に積極的に協力している。不便も感じていると思うが、あたかも当たり前のことのように皆さんが取り組んでいる姿を見て感心した。

■会社が社員を大切に思う気持ち

・ガスが止まっている中、akebono 本社で「電気風呂沸かし器」を用意し、仙台営業所社員に配布していただいた。仙台営業所社員の自宅近所に赤ん坊がいてお風呂で困っていると聞きそれを貸した。
・原発災害でいわきより避難する際に家族を含めた宿泊手配をしてくれて、混乱する中で路頭に迷うことなく避難できた。つながりを強く感じた。
・東北出身者として、家族や親戚の安否、家屋の被害状況、原発からの距離を聞かれ、「もしもの時は家族を呼ぶことも可能だから、その時は遠慮するなよ」と言われて安心した。

■地域の方々、お客様、お取引先様からの感謝の気持ち

・市内の避難所でボランティア活動に協力しました。多くの避難者の方に感謝され、中には感激して涙を流す人もいて、思わずもらい泣きをしそうになりました。ボランティア活動に参加して良かったと感じました。
・当初は情報収集のみを考えていたが、訪問先の被災状況に鑑み、水やお茶、食料を持参することになった。その際も福島製造(株)より快く支援物資を分けて戴き、お取引先様訪問をする事ができ、先方からも非常に感謝された。

■その他

・物資がすぐ届いたことが嬉しかった。特に私の場合、娘の粉ミルクが特殊だったので、本当にお世話になった。病院も薬局もいつ届くか分からないという回答で、大変不安になりあきらめかけていた。本社の皆さんが探し出して送ってくれたときは本当に嬉しく、感謝しています。皆さんが一体になって動いてくれたおかげです。
・震災１週間後に福島製造(株)を訪問、道路はガタガタ、工場建屋もかすがいがずれたり階段が浮いていたりで震災の影響が大きかったことが見て取れた。しかし、工場内に入るとみんな明るかった。保専生からは明るく「ありがとうございます」とあいさつが返ってくる。震災の影響は大きかったかもしれないが、みんな前向きに取り組んでいるんだなって感じた。
・おにぎり握り隊　毎朝７時から社員のために 350 個のおにぎりを作ってくれた保専生（当日遅番）の早朝からの手伝いに感謝したい。

トはどのくらいできているのか、そうした情報収集はもとより、材料や部品の互換性の確認等、自らのサプライチェーンはもとより、モノづくりを見直す動きにも取り組んでいる。

また、こうした一連の経験を経て、曙ブレーキの信元久隆社長は、同社グループ社員の潜在能力の高さを再認識したという。その上で、「社員みんなが一つの目標に向かって、それぞれの役割を果たせば、大きなことができる。できないことはないのだ。ただ、それがいつもできていないのはなぜか、そこを我々は考えていかねばならない」というのが、社員に繰り返し問いかけている社長の言葉の一つだ。社員の誇りづくりはもちろん、その潜在能力を引き出すため、すべての社員に対し、より広く・高い視点を求め続ける。それが曙ブレーキの経営だ。

五〇年前から始まった「保専生」を支援する取り組み

震災後の社員アンケートにも記載されているが、被災した福島製造の迅速な復旧の力の源泉の一つとなったのが「保専生」たちだ。保専生とは、同社の工場で働きながら、短期大学に通い、三年間で幼稚園教諭や保育士・栄養士資格等を取得できる「就職進学制度」を利用する学生のことだ。

この制度は曙ブレーキが一九六四年から五〇年続けてきた取り組みだ。もともとは、先代社長が、自ら官費留学で大学に通った経験から、若者が働きながら学べる機会を提供しようと始めたものだ。高校卒業後、家庭の事情等で大学や専門学校などに進学できなかった学生に、会社が仕事と寮を提供し、受給者は、三年間全員が寮で共同生活を送り、工場での交代勤務に従事する。給与から学費を払い、自分の力で学校を卒業し資格を取得する。すでに同制度を利用した卒業生は三〇〇〇人を超え、親子二代にわたる人もいるという。保育士を目指す学生が多いことから「保専生」と呼ばれている。

朝から工場で仕事をし、午後から夜にかけて勉学に勤しむ保専生たちは、曙ブレーキグループの生産拠点の一つである福島製造の士気を左右する存在だ。わずか三年の間に大きな成長を遂げる姿、ひたむきに努力する姿、そうした姿に励まされ、自らを省みるきっかけをもらったり、多くの気付きを得る社員は多いという。彼女たちが頑張っているのにいい加減なことはできない。福島製造は他の生産拠点に比べて、何かあったときの勤務交代等、社員相互の協力関係がスムーズだともいわれている。

曙ブレーキの社員は言う。自分たちが彼女たちを支えているのではない、自分たちこそ、彼女たちから多くを学び、彼女たちに支えられているのだと。

そもそも、この保専生という取り組みは、全国各地の生産拠点で実施されていたが、いまとなっては福島のみとなっている。ここには、東北全域から受け入れた学生たちが来ており、

曙ブレーキでの 2011 年度「保専生」卒業式の記念写真

卒業すれば、また東北各地に帰っていく。彼女たちは働きながら学んできた学生だ。寮での共同生活も経験してきたので、就職後の評判もよい。保育士として、栄養士として、幼稚園教諭として、東北各地で活躍している。

二〇一一年三月に卒業を迎えた保専生たちは、被災後の復旧に多大な貢献をしたものの、三月一七日に大学で予定されていた卒業式は中止になってしまった。そこでその代わりとして、曙ブレーキでは同年四月一〇日に日本橋本店で卒業生の門出を祝う保専生だけの卒業式を挙行した。その趣旨を聞いた着物レンタル店や美容院の支援により、卒業式に参加した全員が袴姿で臨むことができた。社長や役員をはじめとする関係者が集い、卒業生の門出を祝ったという。

保専生という取り組みは、一見すると会社

新たな創造への旅立ちに

曙ブレーキ工業株式会社
代表取締役社長　信元久隆

三年間、勉強と仕事との間で努力を重ね、たくさんのつらい事と育んだ友情を胸に、晴れて卒業証書を手にした。本当におめでとう。

曙グループは皆さんの入社に前後して北米、アジアでの事業を拡大し、それまでの倍の企業規模になりました。そして、突然急拡大したことから大きな課題も見え出し、国内外グループ全体で成長に向けた再編の真っ只中で、皆さんは入社し、その直後に東日本大震災が起こり、会社だけでなく日本全体が不安のどん底に突き落とされました。そのような環境下、復旧から復興へ曙グループは一丸となり、みんなも懸命に、それこそ命を懸けて生産再開につなげてくれました。

そういったことが、どれだけグループのみんなに力を与えてくれたか、思い出しただけでも胸が熱くなります。そして復旧も一段落した後、いささか余熱も冷めかけたときのLET'Z（*）の開催時、福島太鼓で見せてくれたチームワークとその演奏が新たな感動も呼び覚ませてくれました。曰く、福島太鼓から「チームも聞く方も一体感を感じた」「連ケイを実感した」「太鼓や経営状況説明を真剣に聞く周囲の姿を見た」等々…

私たちに再度元気を与えてくれたと同時に一人ひとりの蓄えられた実力と自らの役割への自覚、互いに調和させ一つにまとめ上げることの重要さを示し、新たな活力を与えてくれました。

人生の中で短期間にこれだけ大変な諸々の経験をすることは願ってもできないことです。最もこの数年のことは願いたくないものです…でも、それらを乗り越えてきたことが、みんなの血となり、肉となり大きく成長できました。これからは親御さんや友達、お世話になった人達への感謝と、これまでの艱難辛苦を乗り越えてきたと云う自信とを胸に、新しい環境のもとで、自分たちの人生を創りあげていってください！　ご健勝、ご多幸を祈念します。

がんばれよ！

*　10数名の従業員からなる「全社横断プロジェクトチーム」が中心となって計画し、会社の将来について話し合う、任意参加の社員総会の名称。このLET'Zにおいて、保専生を中心とした福島太鼓が開会を担うことが多い。[2013年実績：11月19日（土）開催、約800名参加]

が学生を支えるだけのものに見えてしまう。会社にとっての意義は置き去りで、社会にとっての意義だけを考える取り組みのように見えてしまうかもしれない。実際、五〇年の間には、会社にとっての負担が重いため、そろそろやめたらどうだという意見もあった。しかし、実態は、会社の風土を変えるだけの力を有している。日々の事業プロセスの中で真剣に彼女たちと交わってきた長い経験があるからこそ、現場の社員や会社が保専生から得てきたものは大きい。それこそ、社会にとっての意義と会社にとっての意義が溶け合ったものとなっている。

二〇一三年度の保専生の卒業に際して、信元社長が卒業生たちに送った「新たな創造への旅立ちに」には、曙ブレーキにとっての「保専生」の位置づけを垣間見ることができる。

思わぬつながりが会社の力に

曙ブレーキは障がい者雇用を促進するため、特例子会社「あけぼの123《いちにさん》（株）」を持っている。二〇一三年九月に創立一〇周年を迎えた埼玉県の製造業では初めての特例子会社だ。

曙ブレーキの障がい者雇用率は、グループ全体でも二・二八パーセントと法定雇用率をすでに上回る水準にあるが、曙ブレーキと特例子会社「あけぼの123」を足した数字は三・

図30　曙ブレーキの障がい者雇用率

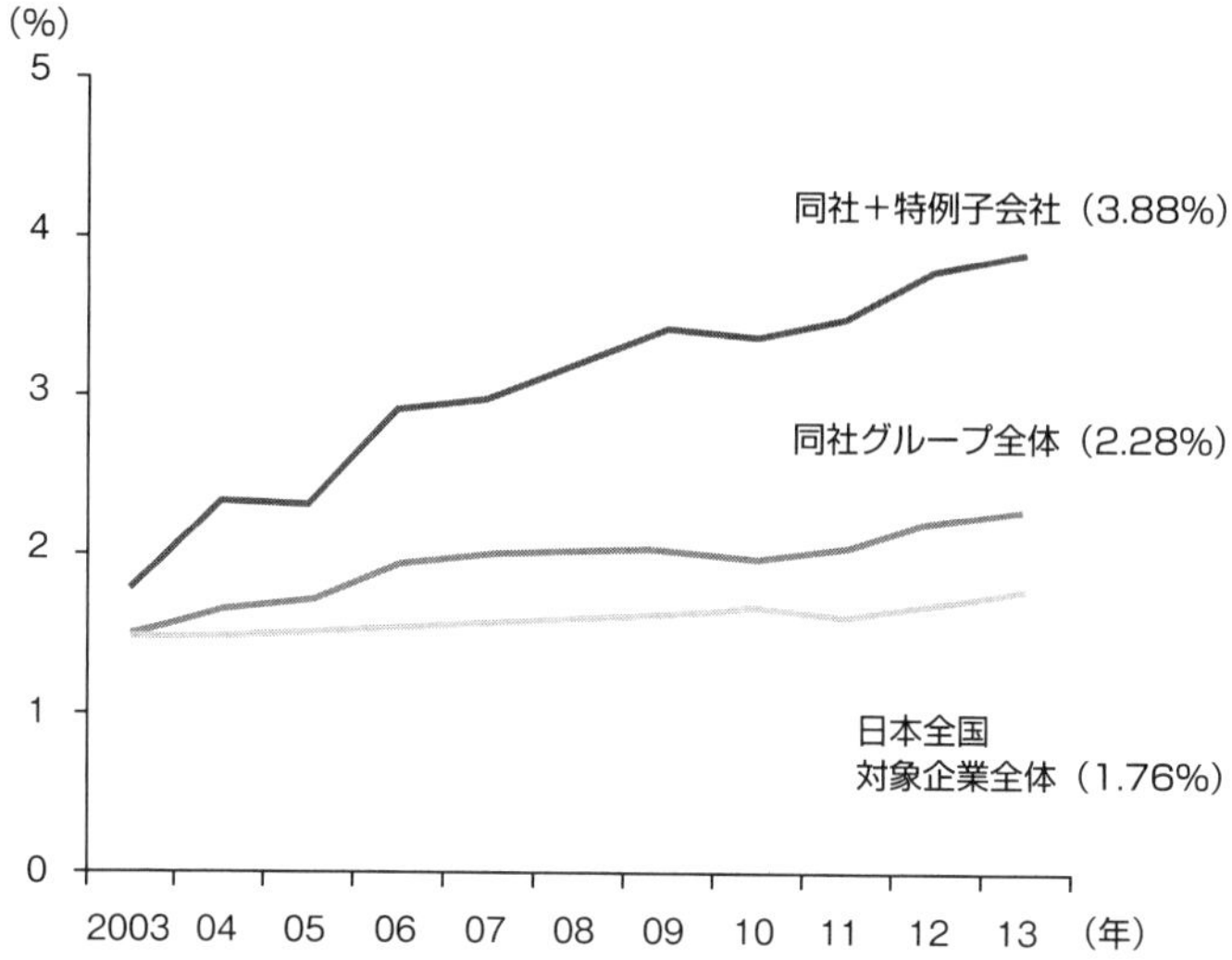

出所：同社資料、厚生労働省資料より作成

八八パーセントだ。日本全国の平均の実雇用率は一・七六パーセント、企業規模一〇〇〇人以上の企業でも一・九八パーセントだ。民間企業の法定雇用率である二・〇パーセントを達成している企業の割合が全体の四二・七パーセントと半数を下回る状況にある中、曙ブレーキとあけぼの123はきわめて高い水準にある（図30）。

あけぼの123の場合、多くの障がい者を雇用するという量の面だけが優れているのではない。障がい者ができる仕事を増やし、また、それぞれの社員の障がいや個性を踏まえて、その育成に努め、彼らのできることを増やしてきたこと、また、それぞれの社員の適性に応じた仕事の割り振りを丁寧に行うという質を高めるマネジメントによって、ここまで成長してきたのだ。

二〇〇三年の立ち上げ当初には曙ブレーキグループの清掃を引き受けるところからスタートした同社だが、年々、自らの仕事を拡大してきている。当初は五名だった社員数が二〇一三年には二五名に増えた。

創業六年目となる二〇〇八年には「ブレーキ部品のリペアキットの袋詰め」という製造の仕事にも着手し、曙ブレーキから製造工程の一部を受託することに成功した。

工場内には、あけぼの123のためのラインが置かれ、同社グループの一員として、日本のモノづくりの一翼を担っている。あけぼの123の社員たちは技術等を競うさまざまな大会等での表彰も多く受けており、また、障がい者雇用に優れた会社として、学校・施設等の訓練実習の受託も手掛けている（図31）。

この背景にあるのが、齋藤光司あけぼの123社長と指導員の存在だ。彼らは、社員一人ひとりの個性を見極め、どんな能力を育てていけばよいのか、どんな仕事を任せればよいのか、そして、どんなサポートを必要としているのか、将来のキャリアアップも視野に入れた丁寧なマネジメントを行っている。一人ひとりの仕事のやりがいを見出し、社会の中で活躍する場所をしっかりとつくっていくという使命感に燃えた人たちばかりだ。

その指導員は、なんと全員「保専生」のＯＧなのだ。かつて家庭の事情で進学を断念すべ

図31　あけぼの123の仕事の拡大状況

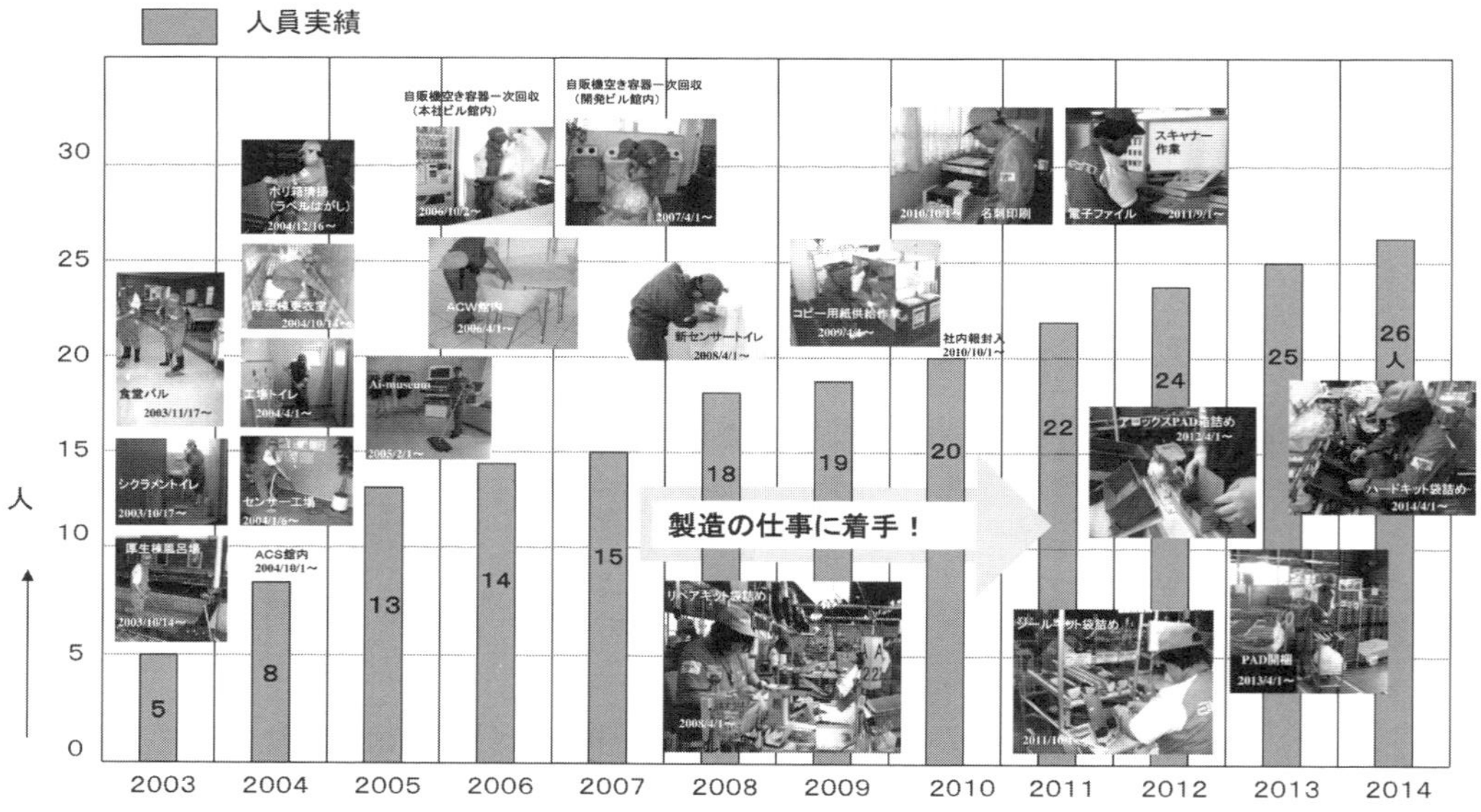

出所：同社資料

きか悩んでいたときに「これなら勉強ができる。社会に出るきっかけがつくれる」ことを知った「保専生」制度。OGたちには、保専生の仲間に対してはもちろん、さまざまな形で支えてくれた工場の上司や同僚への感謝、そして、その制度を続け、育ててくれた会社への感謝、その気持ちが曙ブレーキという会社に対してあるという。

地元に帰って保育園や幼稚園で働き、やがて家庭の中で母親として子育ても一段落し、次の自分の人生を考えていた、そんなときに、自分の基盤をつくってくれた曙ブレーキで、子育てにかかわってきた経験をいかせる仕事があると気付いた。それが、あけぼの123で指導員として働くきっかけだったという。

保専生やあけぼの123が示す会社の目指す道すじ

この指導員たちや保専生たちこそが曙ブレーキが目指す社員の姿だ。自分の仕事、自分の仲間、自分の会社に誇りを持ち、高い問題意識を掲げながら、日々の挑戦を続ける、まさに信元社長のメッセージのとおりの人財だ。

五〇年前に保専生制度を、一〇年前に障がい者特例子会社を立ち上げたときには、企業の社会的責任を全うするために始めたはずであり、その成果が、めぐりめぐって、自社の経営課題のど真ん中に対する答えを見出すことになろうとは、経営トップも社員も考えなかった

工場内に設置された「あけぼの 123」のライン

だろう。

しかし、経済的事情に苦しむ学生の支援、障がい者の働く場づくりといった社会課題の解決を会社が長年にわたって続けているうちに、図らずも人財開発という自社のもっとも重要な経営課題の解決の糸口を見出すことができてしまった。

ここで勘違いしてはならないのは、単に社会課題の解決にかんする活動に会社が取り組んでいればよいというものではないということだ。利益の一部を充てた寄付では多くの社員にはつながらないし、ボランティア派遣も日頃の事業活動とは異なることが多く、そのつながりを実感できる人はごくわずかだ。自社の身の丈に合わないことをしていれば、余裕があるときだけの取り組みとなってしまい、長い年月にわたって続けることはできない。

曙ブレーキの事例から見えてくるのは、社会の中での会社の存在意義そのものであり、会社とそこで働く社員の関係のあり方である。決して無理はしない、背伸びもしない。しかし、長い時間をかけて社会と向き合っていく。社会のことと会社のことが溶け合った、統合の一つのカタチがここにある。

キーワード解説

法定雇用率

障がい者雇用促進法では、事業主に対して、従業員に対し一定割合以上の障がい者を雇うことを義務付けている。この割合を法定雇用率と呼び、民間企業は二・〇パーセント、国や地方自治体等の公的機関は二・三パーセント（ただし、教育委員会は二・二パーセント）となっている。民間企業の法定雇用率は二〇一三年四月に改定され、従来の一・八パーセントから引き上げられた。

ここでいう民間企業とは五〇人以上の規模の企業で、大企業はもちろん、中小企業も対象となる。

現在、民間企業では、身体障がい者は三〇・四万人、知的障がい者は八・三万人、精神障がい者は二・二万人が雇用されており、障がい者雇用率は一・七六パーセントだった（いずれも二〇一三年六月）。

法定雇用率を達成した企業は全体の四二・七パーセントだが、常用労働者二〇〇人超の未達成企業は納付金を納めなければならない。これを原資に、障がい者雇用に伴う事業主の経済負担を調整したり、社会全体の障がい者雇用の促進を目的として、達成企業に対する調整金や報奨金等の支給が行われている。

特例子会社

障がい者の雇用機会は、法定雇用率二・〇パーセントと定められ、個々の企業に義務付けられている。これと併せて、障がい者雇用の促進と安定を図るため、事業主が障がい者雇用に特別の配慮をした子会社を設立し、一定の要件を満たす場合には、特例として、その子会社に雇用されている障がい者を親会社に雇用しているものとみなし、雇用率を算定することができる。これが特例子会社制度だ。

一定の要件とは、親会社から役員が派遣され人的関係が緊密なこと、雇用される障がい者が五人以上で全従業員に占める割合が二〇パーセント以上であること、専任の指導員の配置等、障がい者の雇用管理を適正に行うに足りる能力を有していること等が挙げられる。

事業主にとっても、雇用される障がい者にとっても、従業員の障がいや個性に応じた能力発揮の機会を得ることがメリットとして考えられる。

第3部

会社の存在意義とはなにか

岩井克人

グーグルの逆説

おカネを追求しない会社が、もっともおカネを儲けている。こんな逆説的な現象がいま、世界で起きつつあります。

五年ほど前、イェールやコロンビアといったアメリカの大学を訪問したときのことです。工学部の教授たちが「いい人材が大学に残らなくなった」とこぼしていました。理由の一つはグーグルの存在です。正確に言うと、グーグルのような会社が増えてきたことが原因です。

それまで、大学というところは、時間の自由や社会的尊敬、知的な同僚や文化的環境という「おカネで買えない何か」を与えてくれるほとんど唯一の場所でした。だから、給料こそ安いけれども、優秀な人材が残ってくれた。ところが、グーグルは私企業としてそれと同じものを働き手に与えたのです。有名なのは、仕事時間の二割を自分の好きなプロジェクトに使える二〇パーセントルールです。このほかに、オフィスにはさまざまな文化施設があり、二四時間食事ができるカフェテリアもあり、託児所も充実し、そして優秀な仲間たちと一緒に仕事ができる。研究の自由も認められているうえに、文化的環境のなかで仕事ができ、社会的尊敬もうける。しかも高い給料をもらえるのですから、優秀な卒業生が大学に残らず、グーグルに行くことを選ぶのは無理もありません。

さらに、グーグルは「自分たちは短期的利潤を追求することなく、情報や知識を使って世の中に貢献したい」と表明しています。そのように自らを資本主義的ではないと宣言している会社が、結果的に資本主義で最も成功し、おカネを集めているのです。

この話は世界中で起きつつある「資本主義の変質」を象徴していると思います。本書はCSRをテーマとしていますが、この逆説をこれからの会社のあり方を考えるヒントとしてみたいと思います。

産業資本主義からポスト産業資本主義へ

グーグルのような会社が出てくる前の、資本主義のあり方とはどのようなものだったのでしょう。資本主義の歴史は古く、すでに六〇〇〇年前のメソポタミアの商人はラクダで砂漠を旅したり、船でティグリス・ユーフラテス川を渡ったりして、黒曜石や油やさまざまなモノを交易していました。あるところで安く買った商品を別のところで高く売れば、二つの市場の価格差が利潤として手元に残ります。このように、差異性から利益を生み出す商人資本主義は古代から存在していました。そして、この商人資本主義の原理は、資本主義の基本原理として、時代を超えた普遍性を持っているのです。

一八世紀のイギリスで始まった産業革命は、資本主義を「産業資本主義」に転換させました。蒸気機関や紡績機械の発明により、資本家は工場をつくり、多数の労働者を雇って大量生産を行うシステムを確立したのです。産業資本主義における利潤の源泉は、機械制工場の「高い生産性」と労働者の「安い賃金」とのあいだの差異でした。

「高い生産性」は工場を建てれば確保できます。たとえば、映画『男はつらいよ』に出てくる、「とらや」の裏にある印刷工場がそうです。タコ社長は印刷機械を買って柴又に町工場をつくりました。そこでは中学校や高校を卒業し、地方から集団就職で上京した若者が働いていました。田舎には人が余っていて、一人が辞めても、いくらでも代わりがいますから、安い賃金で働き手を雇うことができます。したがって、資本家は工場さえつくれば、ほかの工場と同じ機械を使っていても、簡単に利潤を得ることができました。じつは、中国やインドネシアなどの発展途上国はいまもその仕組みです。

けれども、経済が拡大するにつれ、だんだん人手不足になっていきます。ヨーロッパでは一九五〇年代あたりから、日本では六〇年代あたりから人材が枯渇してきました。地方から供給される労働力が希少になり、集団就職もなくなり、中高卒の若者たちが「金の卵」と呼ばれるようになったのもこのころです。都会の工場の社長さんたちが、地方の中学や高校に行って、頭を下げて、労働者を確保するようになります。そのうち、それでも人は来なくなりました。

人が足りなくなると、もちろん、賃金が上がります。そうすると、利潤は差異性から生まれるという資本主義の基本原理が作動しはじめます。たとえ生産性の高い機械制工場をもっていても、賃金費用が上がってしまえば、利幅は消えてしまいます。つまり、大量生産を可能にする生産設備と安い労働力の組み合わせで利潤を生み出せていた産業資本主義的な経営は行き詰まってしまうのです。そこで、かつての商人資本主義の時代と同様に、資本主義の基本原理を意識的に使う必要が出てきます。すなわち、差異性を自らつくり出すことです。それは、ほかより効率的な技術を導入したり、ほかとは異なった製品を開発したり、ほかが行かない市場を開拓したり、ほかが見逃していた仕入れ先を探しだしたりしなければならないことを意味します。そうして、収入を上げるか、費用を下げるかしなければ、利潤が生まれなくなったのです。

時代は、産業資本主義からポスト産業資本主義に大きく転換したのです。ただ、こうした資本主義の転換は経済の発展途上で起きるものですが、例外があります。アメリカです。広大な国土に対して人が極端に少ないがために、歴史上つねに人が足りなかったのです。西部の開拓が終わり、移民を入れても人件費は下がりませんでした。それゆえ、アメリカ経済は始めからポスト産業資本主義的な様相を示しており、世界に先駆けてイノベーションを進めざるをえなかったのです。

では、ポスト産業資本主義において、差異はどこで生み出せるのか。「ヒト」の頭です。

単純な労働力としてのヒトではなく、ヒトが持っている知識やアイデアがものを言うようになります。それで差異性のあるものをつくれば利潤が生まれます。

かつて堀江貴文さんは「おカネで買えないものはない」と言いました。たしかにおカネを持っていれば、どんなモノでも買えます。機械も建物も土地も、すべてモノですから、おカネで買えます。事実、産業資本主義の利潤の源泉は、機械制工場でしたから、産業資本主義の時代は、おカネが支配した時代であったのです。

ところがここで困ったことが起きます。おカネで買えないモノはありませんが、モノでない存在が一つあります。それは、ヒトです。ドレイ社会でないかぎり、ヒトはおカネでは買えないのです。もちろん、札びらを積めば、多くのヒトは喜んで働いてくれるでしょう。だが、その場合でも、ヒトの頭の中にある知識をポンと目の前に取り出して、値付けしたり売買したりすることは不可能です。とりわけ、差異を生み出すような知的な仕事をするヒトは、おカネだけでは働きたくないと思っているヒトが多い。いや、おカネで買えない何かを与えてくれなければ、創造性を発揮してくれません。

ここにグーグルの逆説が生まれる必然性があります。おカネの追求を第一の目標にせず、おカネで買えない何かを従業員に提供する会社が、まさにそのことによって、もっとも優秀な人材を集め、もっともおカネを稼ぐ結果になるということです。

おカネが余っている

産業資本主義からポスト産業資本主義への転換によって、利潤の源泉たる資本がモノからヒトに移るにしたがって、おカネが持つ力は相対的に弱まってきています。実際、世界経済におけるおカネの量は昔よりもずっと増えて、いまやカネ余りに陥っているのです。多くの人は「おカネでおカネを生む」金融資本主義がいま世界を支配していると考えています。だが、それは間違った認識です。その実態は、よい投資先を求めて大量のおカネが右往左往しているというものでしかありません。機械や工場を買っても、もはやそれらの生産設備が大した利潤を生んでくれないのですから、昔に比べてよい投資先はうんと減りました。だから、賃金がいまだに安い途上国におカネが流れていく。これがグローバル化です。

これまで会社の価値は、持っている実物資産そのもので測ってきました。バランスシートを見て、機械がどれだけあり、土地がどのくらいあり、建物の償却資産がこのくらいあるからこの会社はいくらになるか、と考えていたのです。あるいは、その実物資産が将来的に生み出すであろう価値を現在の価値に置き換える計算をして求めていました。会社買収時の企業価値評価においては、このように、会社をたんなるモノとして評価してきました。ヒトが生み出す人的資産はカウントされていないのです。

これに対して、ポスト産業資本主義における会社買収は、「良質のヒトを囲い込む手段」になっていくはずです。ヒトは直接おカネで買うことはできませんが、買収によってチームというかたちで間接的に買うことは可能です。相手の財務状況や事業内容を調べるだけでなく、ヒトをいかす方法も含めた、会社買収のあり方が問われるようになっています。

日本でこの方法を成功させているのは、たとえば日本電産という会社です。社長の永守重信さんは買収した相手のやり方を尊重し、自分のやり方を押しつけません。長年その会社で働いてきた社員が蓄積してきた能力を、よい方向に向けるインセンティブを与えることで、立て直しています。新しいオーナーが、買収した会社をたんなるモノではなく、生きたヒトのようにていねいに扱うと、資本としてのヒトが力を発揮するわけです。

会社に人格はあるのか？

ここまで「会社をモノとしてみる」とか「会社をヒトのように扱う」などと説明してきましたが、いったい会社はモノなのでしょうか、それともヒトなのでしょうか。この問いに答えるためには、株式会社の基本構造をみなければなりません。

会社とは何なのか？　さまざまな定義がありますが、一番わかりやすいのは、会社とは法人格をもつ企業、すなわち「法人企業」であるという定義です。

この世の中の多くの企業は、じつは、会社ではありません。たとえば街角の八百屋さんのような個人企業は、法人格をもっていないたんなる企業です。八百屋さんのオーナーは店先の野菜や果物を直接所有しています。そして自分の所有物であるキュウリやリンゴを売って代金をもらい、そのおカネを仕入先への支払いや従業員の給料に使い、残った額が利潤となります。オーナーが直接、企業活動に使う資産を所有し、モノの売り買いも、店舗の賃貸契約も、信用金庫からの借金も、すべてオーナー個人の名義で行われます。この企業が倒産すると、そのオーナーは、自らの個人資産も信用金庫に提供する義務を持つことになります。企業のオーナーは無限責任なのです。

すなわち、たんなる企業は平屋建ての構造をしているのです。

これに対して、法人企業としての会社は、二階建て構造をしています（図32）。

ここで重要なことは、会社の株主は会社資産の所有者ではないということです。株主が会社の資産を勝手に持ち出したりすると、法律上は窃盗罪で訴えられることになります。大株主の場合であってもそうです。では、株主は何を所有しているのかというと、モノとしての会社です。モノとしての会社には、別名があります。株式です。もう少しくわしく言うと、モノとしての会社を細かく分割した単位が株式です。そして、株式は、会社資産とは独立に、モノとして売り買いされます。モノとしての会社を分割した株式を売り買いする市場――それが、株式市場なのです。したがって、株主とは、読んで字のごとく、株式の持ち主にすぎません。株主が会社をモノとして所有している部分――それが、会社の二階にあたります。

これに対して、機械や建物や土地、さらには原材料や在庫といった会社資産の法律上の所有者はだれかというと、それが、法人としての会社です。法人、すなわち法律上のヒトとしての会社が、会社資産を所有しているのです。たとえば会社が所有している土地の登記簿には、どこにも株主の名前はありません。会社の名前と、代表取締役の名前があるだけです。そして、このヒトとしての会社が、ほかの会社や個人と取引契約を作り、従業員と雇用契約を結び、銀行と融資契約を交わしたりするのです。このような契約にも、株主は関与していません。会社が結ぶ契約書のどこを探しても、やはり、会社の名前と、代表取締役の名前があるだけで、株主の名前は出てきません。だから、会社が倒産したとき、銀行は株主の個人資産に手を付けることができないのです。株主は株式に投資したおカネを失うだけで済みます。企業のオーナーと違って、会社の株主は有限責任しか持たないというのは、こういう意味です。

経営者は浄瑠璃遣いである

会社とは、本来ヒトでないのに、法律の上でヒトとして扱われるモノです。だが、ここに

図32　会社は「モノ」であり「ヒト」である

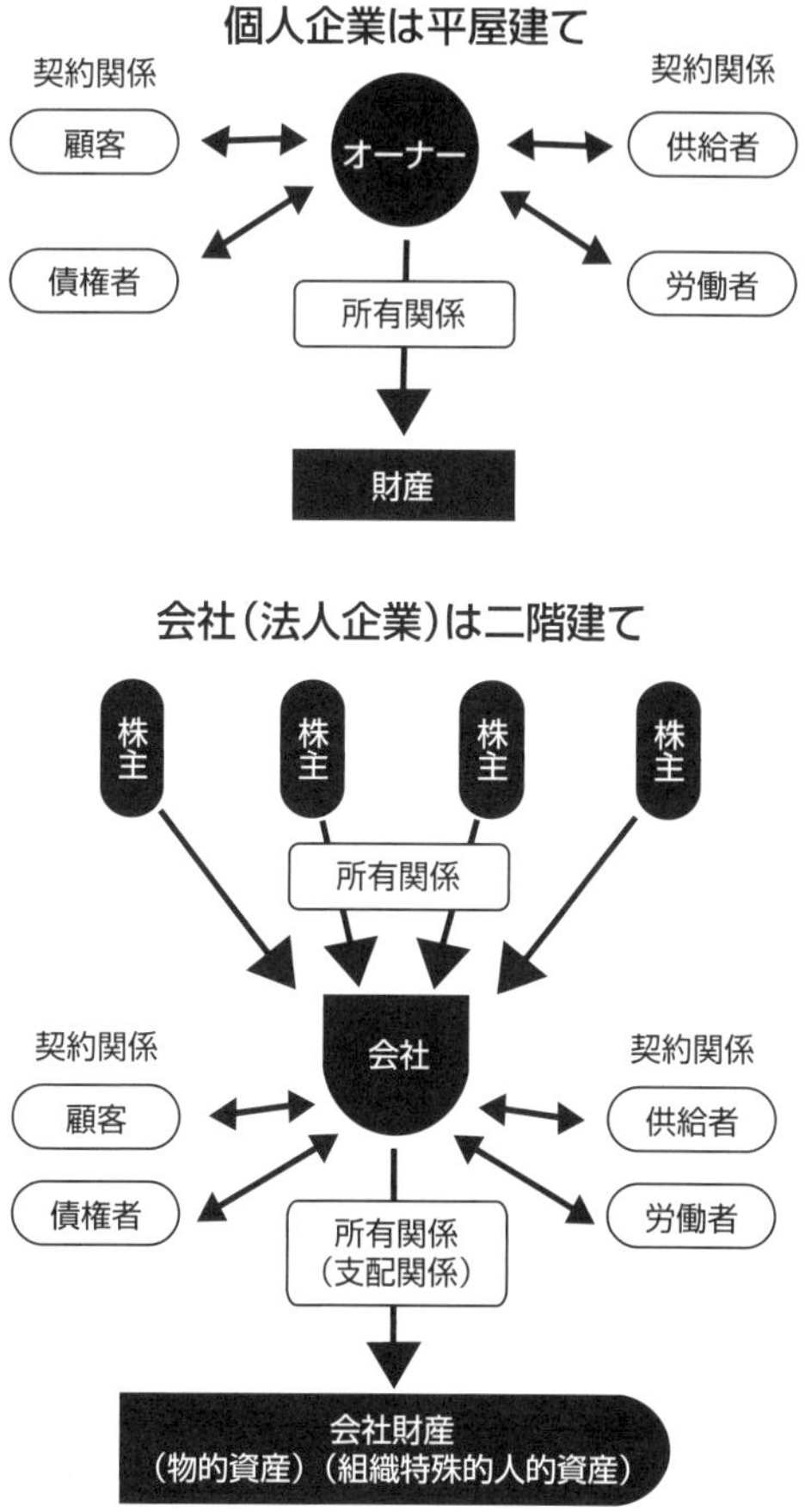

大きな矛盾があります。会社が法律上のヒトであるとしても、それは現実にはモノでしかありません。モノとしての会社には、手も足もなく、目も口も耳もなく、頭もありません。会社が、現実の資本主義社会のなかでヒトとして活動するためには、だれか生身の人間が、会社をヒトとして動かさねばなりません。それが、経営者の役割なのです。

私はこのことを、よく「人形浄瑠璃」のたとえを使って説明します。人形浄瑠璃は三人の人形遣いが一体の人形を操り、人間以上に人間らしく演技させることによって観る人の涙を誘います。人形だけ舞台に置いても何の演技もしません。それは、人形と人形遣いが一体となって、はじめて成立する芸術なのです。会社活動も同様です。会社それ自体は、本来はモノにすぎませんから、「人形遣い」がいなければ動けない人形と同じです。経営者とは、人形遣いが人形にするように、モノでしかない会社に魂を吹き込んで、それをヒトにする役割を果たしているのです。

ところで、人形浄瑠璃では、左手や足を受け持つ二人の人形遣いは、黒い布で顔を覆って「黒子」になります。それは、まだ若い、左遣い、足遣いと呼ばれるこれらの人形遣いが、舞台上では自分という存在を徹底的に抑えて、人形をいかに人間としてふるまわせるかに全力を尽くす義務を負っているということを示しています。頭《かしら》と右手を扱う人形遣いは、主遣《おもづか》いと呼ばれますが、主遣いになると、顔を見せて舞台に立ちます。それは、すでに自分を出そうなどという私心をとっくに捨てた存在になっていることを意味しています。人形に魂を吹き込むことに全身全霊を傾けるのは、当然であるのです。

会社の経営者も、自分の利益を抑え、ヒトとしての会社の利益に忠実に活動する義務を負っているのです。この義務は、「忠実義務」（もっと広く言うと「信任義務」）と呼ばれています。この忠実義務こそ、いわゆるコーポレート・ガバナンスの中核をなしています。だが、残念ながら、すべての会社経営者が、人形浄瑠璃の主遣いのように、無私に活動するとは限りません。まだ左遣い、足遣いなのです。したがって、法律という黒衣が必要です。事実、会社法では、利益相反や不当利得など、忠実義務に反した行動をとった会社経営者は、背任罪に問われて、牢屋に入れられることになっています。ここが、芸術と経済の違いです。

そして、じつは、会社をヒトとしてふるまわせる役割を担っているのは、取締役や執行役員のような経営者だけではありません。経営者は、主に会社の意思決定に関与していますが、実際の会社の活動は、従業員に任せることになります。つまり、経営者が人形の頭や右手を動かし、従業員が左手や足を動かす。そんなイメージです。会社においても、全員が役割に応じて人形を動かさなければなりません。「忠実義務」は会社と経営者だけの間で問われるものではないのです。

これは何を意味しているのでしょうか？　法律上のヒトとしての会社を現実にヒトとして活動させているのは、経営者と従業員といった生身の人間によって構成されている「組織」

であるということです。会社の二階建て構造の一階は、たんにヒトとしての会社が会社資産を所有しているだけではありません。経営者を頂点とする人間組織が、そのヒトとしての会社を動かしているのです。

これがさきほどの「いったい会社はモノなのか、それともヒトなのか」という問いへの答えです。会社が二階建て構造になっていて、モノとヒトとの両方の性質を有していること、CSRとも密接なつながりがあることは、後ほど述べます。

会社は社会的な存在である

会社のヒト的側面を突き詰めて考えてみると「会社とはそもそも社会的な存在だ」という答えが導きだせます。

わたしたち生身の人間は、法律では「自然人」と呼ばれています。生まれながらにヒトであるからです。近代社会では、すべての自然人は、生きているだけで人間として扱われます。たとえ、社会的には何の貢献もできない病人や高齢者でも、人間であるかぎり、人間として生きる権利―人権―を持っています。これは近代社会の大原則です。

ところが、法人の場合は、本来はモノにすぎません。生まれながらの権利は持っていないという意味で、道ばたの石ころと何ら変わりません。それは、社会がヒトとして扱ってはじめて法律上の人格─「法人格」─を持つのです。自然人の人格は生まれながらの人格であるのに対し、法人の人格は社会から与えられているのです。このように、法人の人格が社会から与えられているということは、法人企業である会社はそもそも社会的な存在であるということです。

では、なぜ社会は石ころ同然のモノに人格を与えるのでしょうか？　それは、そうすることによって、社会に何らかのプラスを与えてくれるからです。たとえば企業が社会によって法人として認められ、会社となるためには、社会に何らかのプラスを与えなければなりません。もし社会に与えるものがマイナスであれば、その会社は存在意義がないことになります。

目に見えないプラスを与える会社

では、社会に対する「プラス」とか「マイナス」とは何でしょうか。これを「おカネ」だけで測ってしまうと、会社の二階部分にしか目がいかなくなってしまいます。アメリカにおける自由放任主義経済学の代表であったミルトン・フリードマン（一九一二年～二〇〇六年）は、会社は株主のモノでしかないという立場から、「会社の存在理由は、利潤をあげることしかない」と主張しました。利潤は株主へ配当されるからです。そして、さらに、CS

Rは株主に対する盗みであるとまで言っています。ＣＳＲ活動などにおカネをかけると、本来株主に配当されるべき利潤が減ってしまうからです。じつは、このフリードマンの主張は、いまでも、主流派の経済学や法学の基本的な考え方でもあるのです。

だが、この主張は正しくありません。それは、平屋建てのたんなる企業と、二階建ての会社とを混同した、理論上の誤りです。会社は、必ずしも株主のモノではありません。それは、同時にヒトでもあるのです。そして、ヒトとしての会社は、すでに述べたように、社会的な存在なのです。じっさい、もし会社が株主のモノにすぎないならば、たんなる企業のままで良かったはずです。それに、法人格など与える必要はありません。

たしかに、利潤とは収入から費用を引いたものです。会社は、社会からさまざまな資源を受け取って、生産活動を行い、財やサービスといった形で社会に新たに資源を与えます。受け取る資源をおカネで測った価値が費用で、与える資源をおカネで測った価値が収入です。したがって、利潤を稼いでいるということは、社会から資源を奪う以上に社会に資源を与えているわけですから、会社は社会に対してプラスの貢献をしていることになります。

しかし、ひとたび会社は株主のモノであるという理論上の誤謬から抜け出すと、まったく異なった見方が生まれてきます。ヒトとしての会社は、おカネで測れるモノやサービス以外にも、さまざまなかたちの貢献を社会に与えることができるからです。たとえば、利潤はギリギリ出している程度かもしれないけれども、従業員の雇用を確保するために必死に営業を続けている会社もあるでしょう。その会社の社長さんに「なぜこの会社を潰さないのですか?」と聞いたら、「会社は従業員のものでもあるのです」と答えると思います。

もっと外向きには、たとえば二〇〇年、三〇〇年と存続している会社が日本には多数あります。そのような会社は、自社だけでなく地域社会の全体の利益のために事業を行うことが「あたりまえ」になっていると思うのです。十何代目かの社長さんにとって、「なぜこの会社を続けるのですか?」という問いに対する答えは、おそらく「潰したら地域社会に対して申し訳ない」といったものになると思います。いずれも、おカネでは測れないプラスを、ヒトとしての会社が社会にもたらしている証なのです。

CSRの手始め

CSRを論じるとき、まず最初は、「利益か、社会貢献か」という二項対立ではなく、第二部の六社の事例でくりかえし見てきたように、「利益と社会貢献のバランス」という視点でみることが有益だと思います。「情けは人のためならず」という言葉があります。人を助けるのは相手のためだけではなく、巡り巡って自分のためになるものだという因果応報を説いた仏教の格言ですが、これを突き詰めれば逆に、自分のためによかれと思ってしたことが、巡り巡ってほかの人のためになる可能性もあるわけです。

ＣＳＲのもっとも現実的な形は、自分の会社のためにやったことが、結果的に社会のためになるというものではないでしょうか。最初から「社会のために」と目標を高く掲げすぎてしまうと、行き詰まってしまうおそれがあります。そもそも、私企業である以上、利益度外視で社会貢献に走るわけにはいきません。「社会のために」が前面に出すぎると本業で競争に負けてしまうかもしれません。そうなれば税金も払えなくなりますし、雇用も減らさねばなりません。結果的に社会のためにはなっていないことになります。身の丈に合う形で、一歩一歩、利益と社会貢献の両立を目指していくのが現実的なＣＳＲだと思います。

利益のためにしたことが社会貢献になる

会社が社会貢献を実現するには「利益」を狭く・短期的なものとせず、広く・長期的なものと認識することから始めてもよいのです。

たとえば、いま、アフリカであるウイルス感染症が流行していて、ある会社がたまたまそのワクチンを持っているとします。アフリカの人たちはワクチンを買うおカネを持っていません。株主は短期的な利益を求めて「ワクチンは本来の値段で売るべきだ」と言うかもしれません。しかし、経営者や社員は、「自分の働いている会社しか、ワクチンを提供する能力を持ってないのなら、安く提供するべきではないか」と考えるかもしれません。

安価であってもワクチンを売るわけですから、利益は得られます。ただし価格を下げたことで、他の顧客に通常価格で売った場合よりも短期的な利益を求める株主には不利になります。しかし長期的利益を優先した結果、感染症の流行がおさまれば会社は社会から評価されるでしょう。それによって、社会の役に立っているこのような会社で働きたい、という優秀な人材が集まりやすくなります。冒頭の話に戻りますが、いま企業の最大の資産は「ヒト」です。優秀な人材が集まるということは、長期的利益につながります。それは、この会社の株式を長期に持っている株主にとっても利益になる可能性があるのです。まさに、情けは人のためならずです。

グローバル化と社会問題

ところで、これからの会社のあり方を考えるとき、グローバル化は避けて通れない要素です。日本企業のヒト・モノ・カネのネットワークはすでに世界中に張りめぐらされています。資材の調達先は南米、組み立ては東南アジア、消費地は中国、という状況が当たり前になっているのです。

当然、それぞれの地域が抱えている課題、たとえば人権問題や貧困などといった問題と直面せざるをえなくなっています。

たとえば、東京本社が知らない間に、スリランカ工場で人権侵害が行われてしまった場合、日本では報道されなくても、ＣＮＮなどが突然大きく採り上げるかもしれません。「これは現地の問題で、日本の消費者には影響を与えない」「会社の直接の不利益にはならない」と言い張ることもできますが、現地では優秀な人材は集まってこなくなるでしょう。要は世界中から「道徳的にふるまっているか」を評価され、意図しない「地雷」を踏むリスクが高まるのが、グローバル社会なのです。地域ごとの社会的な責任問題に対応する力は「リスク・マネジメント」の観点からも「ＣＳＲの次の段階」として、日本企業に求められています。

少なくとも、従来の短期的な利益だけ追求していればいいという発想を抜け出したいものです。長期的な利益、もっといえば一見、利益とまったく関係のないような活動が、ますます重要になるどころか、それが利益に直結することも出てくるかもしれません。

会社は人材の宝船

いまの若い人のあいだには「社会課題を解決するには大企業にいては実現できない」という考え方があるように思います。そう思うのはよくわかります。これだけＩＴ化が進み、イノベーションが起きているなかで、アップルやフェイスブックのように一人の起業家が会社を急成長させる例もあるからです。

しかし、多くの場合、個人でできることは非常に限られています。これだけ社会が複雑化してくると、チームで取り組まないとできないことがますます多くなってきています。大企業は個人とは桁外れのリソースを持っていますから、そのメンバーとして経験を積むことで、考えもしなかったくらい大きな仕事ができる可能性もあります。社会貢献の分野でも同じことです。いくら欧米は個人主義的だといっても、その欧米にも大企業はたくさんあります。「大企業だから社会貢献ができない」と決めつけるのは早計です。

大企業のリソースとCSR的な発想を持った人が結びつくと、大きなパワー、社会を変える力を発揮できます。東日本大震災後に被災地支援をするなかで、その結びつきが顕在化した企業もありました。ケーススタディにある損保会社の例でいえば、書類の処理などの事務作業という一見震災復興に関係のなさそうな「強み」が被災地で大いに役立つことが証明されました。会社を休んで、がれき撤去のボランティアをするのもよいことですが、自分たちの組織や会社が持っている能力、または組織の中で自分が与えられた能力を活用することで社会貢献することもできるのです。

CSRの担い手は「七人の侍」

自分たちの強みをCSRにうまく反映させている会社は日本では多くありません。会社にCSRの専門部署がある会社は、だいたい三〇〇社から四〇〇社といわれています。日本にある法人の数からすると圧倒的に少ない。しかも人数が少なかったり、別の部署と兼任していたりで、孤立や存在感の薄さに悩んでいます。

注目されないがために、思いつきの活動に終わっていることもあります。そのため会社のCSRと会社の本業がどんどんかけ離れていき、結局大企業のCSRは持続的に社会に価値を還元するものにはならないのだという無力感につながります。

CSRを実現する会社のイメージとして、私は黒澤明監督の映画『七人の侍』を思い浮かべます。村人に雇われた侍たちは、それぞれ浪人をしたり、じつは元は農民であったりという過去があります。もっとさかのぼれば、もといた国で剣術の免許皆伝となったり、何十年と苦労して腕を鍛えてきたりしたはずです。だから、いざ寄り集まったときに、村人の困っている問題を解決するすごい力を発揮するチームができたのです。

大学を卒業してすぐに「七人の侍」にはなれません。まず侍になるだけの能力をどこかで磨く必要があります。その場所は、日本ではおそらく「会社」なのです。CSRとは個々人が会社のなかで己の力を蓄えて、そこにあるリソースを上手に使って社会に貢献していくこととらえなおせば、CSR部門にいなくてもCSRは可能です。

そう考えると、会社を通じた社会貢献を本気でやるには、そのための部署をつくるだけでなく、そういうマインドをもったヒトを集めることが鍵となってくるでしょう。

最近、四十代のホワイトカラーの転職が増えてきていますが、これは社会貢献人材の充実という面では良いニュースです。以前にくらべて中高年でも転職が容易になってきている背景には、労働人口減もありますが、一つの会社で身につけた能力が、別の会社に移っても通用する世の中になってきたからという側面もあります。

汎用性のある力を蓄えた三十代、四十代の社員に「選ばれること」が会社の差別化にもつながってきます。これからはほとんどの人が定年六五歳――たぶんいまに七〇歳になると思いますが――まで働くわけです。三十代・四十代で転職といってもその先は長い。たんに給料が高いとか、安定しているということだけを判断基準にはしないでしょう。ミッドキャリアでの転職は、「自分にどれぐらい価値があるか」を見直す機会であると同時に、会社に対して「企業経営そのものがちゃんとしているか」「自分の心をどれぐらい満たしてくれるか」「CSRはしっかり行っているか」ということを問いかける機会でもあるのです。

会社が個別に、地道に人的資産を蓄えていく日本的な仕組みは、グローバル化する競争環境のなかでは不利だといわれます。韓国のサムスンのように決断力のある強いリーダーがトップダウンで動かすほうが有利だと思われているのです。

ただ、これからはわかりません。グローバル化もある程度進むと差異化が難しくなってくるし、持っている情報も共通してきます。大きな違いがないところでは、地道にやっていく方法のほうが強いかもしれないのです。日本的な、内部で能力を蓄積していくやり方はふたたび優位性を持ち始めるでしょう。

九〇年代にこんなことを言ったら、大笑いされたでしょう。そのころは「アメリカ流でいくしかない」という時代でしたから。けれども、アメリカでも「エクセレントカンパニー」とよばれる会社をよく調べてみると、内部で能力が蓄積される仕組みを持っていることもあるのです。

会社は「人材の宝船」です。乗る人を大切に扱うと福を呼びます。本書で紹介している六社は、日本でも「グーグルの逆説」が起こる可能性を示唆しています。もちろんそのCSRが成功するかどうか、また会社を、社会を変化させるきっかけになるかはまだだれにもわかりません。けれども「ヒト」がもっとも重要な資本となる時代に、よいヒトが集まる可能性を秘めている、「人材の宝船」になるだけの将来性があることはたしかです。

付論：真のCSRとは

これまで、会社の長期的利益という視点からCSRを論じてきました。「情けは人のためならず」というわけです。しかし、これは、あくまでもCSRの第一歩です。それによって、CSRが多くの会社に普及していくことを望んでいるのです。じつは、CSRにはもう一歩先があります。最後に付論として、その一歩について、述べておきましょう。

「情けは人のためならず」という格言は、あくまでも仏教における「方便」です。本来は、やはり「情けは人のためなり」であるはずです。たとえ自分の利益にならなくても、まったく見知らぬ人に対してさえ情けを施す。これが、本当の教えのはずであり、真の意味でのCSRであるはずです。それは、西洋思想においては、「倫理」とよばれます。

アフリカでウイルス感染症が流行しているケースに、もう一度戻ってみましょう。有効なワクチンを作れるのは一つの会社だけです。しかも、先ほどと違い、ワクチンを安く提供すると、たんに短期的な利益だけでなく、これまで述べたすべての事柄を考慮したとしても、会社の長期的な利益にならないとしましょう。それにもかかわらず、ワクチンを安く提供すべきかどうか。この時、本当の意味での倫理が問われるのです。

これは、個人だけでなく、会社にも倫理的責任があるかという、哲学・法学・経営学・経済学のまさに大問題です。つい最近、フランスのＩＮＳＥＡＤ経営大学院とアメリカのウォートン・スクール共催の「企業の道徳的責任―是か非か」という題名の国際会議があり、どういうわけか私が「是」側の基調講演を任されました。

私は、たんなる企業の場合には、道徳的責任はないと述べました。なぜならば、たんなる企業はオーナーのモノでしかないからです。企業活動にかんする道徳的責任はすべてオーナーが負うはずです。

これに対して、法人化された企業である会社の場合には、株主個人や従業員個人の道徳的責任とは別に、会社それ自体にも道徳的責任があると主張しました。なぜならば、会社はたんなるモノではなく、法人として、株主や従業員とは独立の人格をもっているからです。その人格が、助けが必要な見知らぬ他人を前にしたとき、株主や従業員といったウチ側の人間の利益を抑えて、ソト側の他人の利益のために行動する倫理的な義務を会社に与えることになると、私は考えているのです。いや、この人格は、まさに社会によって与えられたものであるから、個人以上に倫理的にふるまう義務を負うとさえ論じてみました。

このほかにも、たとえば経営者が公害を起こすことを知りながら事業を進めた結果、近隣住民に被害を与え、損害賠償を払うことになった会社があるとき、会社に損失を与えたという理由で、経営者は忠実義務違反に問われるという議論もいたしました。さらに、会社が倫理にもとる活動をしたときには、たとえ法律的には罰則を受けなくても、同じ忠実義務違反